KB056032

심영면 교장 선생님의 우리 아이 독서 지도법

초등 독서의 힘

심영면 교장 선생님의 우리 아이 독서 지도법

초등 독서의 힘

심영면 지음

the Power of Elementary Reading

전략이 있는 부모를 위한 독서 인문학

지학사

독서는 아이들의 인생에서 가장 중요한 힘입니다

초등학교 시기는 결실을 얻는 시기는 아닙니다. 집 지을 땅을 다지듯 기초를 다지는 시기, 큰 나무로 자랄 수 있도록 뿌리가 튼튼하게 내리게 노력하는 시기입니다. 그렇게 다져진 힘으로 세상을 살아갈 수 있도록 준비하는 시기입니다. 하지만 학부모님 대다수는 이런 생각을 하지 못하거나 알면서도 서둘러 결실을 얻으려 합니다. 더 나아가 미래를 준비한다며 현재를 허비하는 선행학습 등에 많은 에너지를 쏟고 있습니다. 이런 관점으로 보면 우리나라 교육 현실은 안타까운 면이 많습니다.

초등학교 시기에 '공부'를 지나치게 강조하는 것은 바람직하지 않습니다. 아이들의 성장과 발달에 좋지 않은 영향을 미칩니다. 하지만 부모님들의 생각은 다릅니다. 그저 열심히 공부해야 한다고 생각합니다. 우리나라 부모님들이 아이들의 공부에 집착하는 이유는 있습니다. '일찍부터, 빨리, 많이 공부할수록 좋다'는 생각 때문이지요. 이는 그런 방식으로 자라온 부모님들의 착각 또는 그릇된 인식에서 비롯된 것입니다. 아직도 예전 방식으로 공부를 시켜 다른 아이들보다 앞서 나가면 좋은 학교에 진학할 수 있다고 믿는 것이지요. 그렇게 해야 좋은 직장을 얻어서 행복하게 살 수 있다고 생각하는 것입니다. 물론 틀린 말은 아닙니다. 우리 사회에 그런 면이 여전히 남아 있는 것은 사실입니다. 하지만 초등학교 시기부터 학습에만 몰입하는 것은 위험해 보입니다. 얻는 것보다 잃는 게 더 많을 수 있습니다.

아직은 공부에만 매달릴 때가 아닙니다. 초등 6년을 그렇게 보내고 나면 그 시기에 꼭 해야 할 것을 놓치게 됩니다. 이 시기를 다 보낸 뒤 해결책을 찾아보려 한들 뾰족한 수가 생기지 않습니다. 결국 이제까지 해 온 대로 다른 사람이 모든 것을 가르쳐 주는 방식, 즉 사교육에 매달릴 수밖에 없게 됩니다. 그야말로 악순환의 고리에 빠져드는 것입니다.

이 시기에는 공부보다 더 중요한 게 있습니다. 행복하게 지내는 것, 친구들과 어울려 잘 지내는 것, 건강한 몸과 마음을 유지하는 것, 자신의 미래에 대한 꿈을 꾸는 것 등입니다. 그리고 무엇보다 중요한 한 가지는 책을 좋아하고, 잘 읽는 것입니다. 이런 것들은 일찍 시작할수록 좋습니다. 그 무엇보다 쉽고, 재미있고, 아이들이 행복감을 느끼며 미래를 준비할 수 있도록 해 줍니다. 지금부터 저와 함께 한 걸음씩 나아가시기 바랍니다.

이 책은 아이들이 어떤 영향을 받으며 자라고, 어떤 과정을 거쳐 커 나가는지 알려 줍니다. 아이들은 부모님과 주변 사람들에게 사랑받고 있음을 느끼고, 많은 사람과 사랑을 나누면서 어울려 살아가는 것이 중요합니다. 어려서부터 충분히 사랑받고, 행복감을 느끼며 살아간다면 당연히 아이들은 잘 자랄 수밖에 없습니다. 이런 바탕을 튼튼히 다진 뒤에는 살아가는 데 필요한 능력만 기르면 됩니다. 그 능력 가운데 가장 중요한 것이 '책 읽기(독서)'입니다.

이 책에서 가장 많이 이야기하는 내용은 당연히 '독서'에 대한 것입니다. '아이들의 독서는 어떻게 시작되고, 어떻게 발달하며, 어떻게 완성되는가? 독서는 학습에 어떻게 쓰이는가? 어떤 영향을 주는가? 독서가 왜 그렇게 중요한가?' 등의 내용을 설명해 드리겠습니다. 독서가 아이들의 삶에 미치는 영향과 혜택에 대해 모든 것을 말씀드리겠습니다. 저는 이 책을 읽는 분들을 꾸준히 설득합니다. 하지만 저는 거기까지입니다. 그렇게 하라고 말씀드리는 것뿐, 선택과 노력은 이 책을 읽는 분들의 몫입니다.

그다음은 책을 좋아하고 잘 읽는 아이들이 되는 데 가장 중요한 '책 읽어 주기'에 대한 내용을 많이 다루었습니다. 책을 읽어 주지 않으면 책을 읽거나 좋아하는 데 어려움을 겪게 됩니다. 제가 책 읽어 주기 활동을 시작할 때만 해도 '아이들에게 책을 읽어 주면 좋겠다'는 막연한 생각이 컸습니다. 하지만 지금은 '책을 읽어 주지 않으면 큰일 날 수도 있겠다'는 마음으로 바뀌었습니다. 책 읽어 주기는 정말 중요한 일입니다.

그리고 나머지 부분에는 아이들의 독서 활동과 관련된 궁금증, 책 읽는 아이로 키우려면 어떻게 해야 하는지 등에 대한 내용을 담았습니다. 아무리 이론을 많이 알고 있다 해도, 이를 실전에 써먹기는 힘듭니다. 아이들이 책을 잘 읽게 하려면 환경이나 상황을 어떻게 조성해 주어야 하는지, 부모님이나 선생님들이 가장 궁금해할 내용을 중점적으로 다루었습니다.

아이들에게 늘 '책을 읽어라, 끝까지 읽어라'라고 말했던 것처럼 이 책을 처음부터 끝까지 읽었으면 합니다. 좋은 일이 생길 것입니다. 책을 좋아하고 잘 읽는 아이들, 그리고 자기 자신과 주변 사람을 사랑하며 행복하게 사는 아이로 기르기 위해서 이 정도쯤은 하실 수 있지요? 이 책을 읽는 분들이 아이들의 부모님이시고, 선생님이시니 당연히 그러리라 생각합니다. 지금부터는 낭만적인 생각을 버려야 합니다. 때가 되면 읽을 거라는 기대도 하지 말아야 합니다. 그렇게 생각하면 스스로 게을러져서 책을 좋아하는 아이로 자라게 도울 수 없습니다. 이끌어 줄 수 없습니다.

책을 잘 읽고, 좋아하게 만드는 일은 '소리 없는 전쟁'입니다. 겉으로 드러나지 않는 아주 긴 전쟁입니다. 부모들은 전쟁을 치르듯이 온 힘을 다해야 합니다. 그래야 아이들은 평안한 상태에서 '독서'를 즐길 수 있게 됩니다.

이 책이 아이들을 사랑하는 부모님들과 선생님들에게 도움이 되길 바랍니다.

2023년 2월

좋은 아들, 좋은 아빠, 좋은 남편이 되고 싶었던 *김영훈*

차례

1장　독서는 어떻게 시작되는가?

2장 독서의 첫걸음, 책 읽어 주기

 3장 초등 독서의 힘

4장 독서에 대한 오해와 진실

5장 책 읽는 아이로 키우기 위한 8단계 전략

1장

독서는
어떻게
시작되는가?

인간이 만든 최고의 발명품, 글자

기록하여 전하기 위한 인간의 노력, 문자로 완성하다

인류는 언제부터 어떻게 문자를 쓰게 되었을까요? 이것을 살펴보면 매우 흥미로운 부분이 많습니다. 그런데 그 긴 세월 동안 인류가 얼마만큼의 노력을 기울였는지를 알게 된다면 흥미를 넘어 놀라운 일이라는 사실을 알게 됩니다.

인류가 지구상에 살기 시작한 것은 지금부터 약 300만~500만 년 전으로 알려져 있습니다. 500만 년은 상상할 수 없을 만큼 긴 세월입니다. 인류는 그 긴 세월의 대부분을 문자 없이 살아왔습니다. 지금은 누구나 사용하는 문자를 전혀 알지도, 쓰지도 못한 채 살았다는 사실을 우리는

이라크 우루크에서 발견된 문자 점토판과 그 위에 쓰여 있는 쐐기문자. 문자의 선이 쐐기 모양으로 생겨 이런 이름이 붙었다.

쉽게 이해할 수 없습니다.

1928년 이라크 우루크에서 문자 점토판 하나가 발견되었습니다. 연구 결과 이 점토판은 기원전 3300년경의 것으로 밝혀졌습니다. 중국의 갑골문자나 이집트의 상형문자보다 앞선 시기의 것이지요. 이때 발견된 문자는 기원전 3000년경부터 약 3,000년간 메소포타미아를 중심으로 하는 고대 오리엔트에서 널리 사용되었다고 합니다. 이를 통해 인류가 약 5,000년 전부터 문자를 쓰기 시작한 것임을 알 수 있습니다. 하지만 인류가 문자를 본격적으로 사용하기 시작한 시기는 그로부터 2,000년이 지난 기원전 1000년쯤이니 인류의 문자 활용 역사는 더더욱 그리 오래되지 않았다고 할 수 있지요.

문자가 쓰이기 전, 인류는 기록(記錄)이라는 활동보다는 기억(記憶)이라는 뇌 기능을 활용하며 살았습니다. 시간이 지나면서 간단한 그림이나 기호를 사용해 언어를 기록했지만, 인류는 늘 좀 더 효과적인 방법을 고민하며 살았지요. 더욱 확실하고 분명한 방법을 찾아내기 위해 끊임없이 궁리하며 살아왔던 것입니다.

　이와 같이 기록하여 전달하고 싶은 인류의 끊임없는 욕구 덕분에 문자는 발전에 발전을 거듭했고, 그 결과 우리가 오늘날처럼 아무런 어려움 없이 쓸 수 있게 된 것입니다.

문자가 사용되기 전,
인류는 어떻게 기록을 남겼을까?

우리나라에는 세계적으로 유명한 기록물이 하나 있습니다. 경북 울
주군 대곡리에 있는 반구대 암각화가 그것입니다. 국보 285호인 '울주
대곡리 반구대 암각화'는 지금으로부터 7,000~8,000년 전의 것으로, 육
지와 바다 생물을 사냥하는 장면 등 모두 200여 점의 그림이 새겨져 있
지요.

국보 285호인 '울주 대곡리 반구대 암각화'. 위 사진은 반복된 침수와 노출로 희미해진 암각화를 선명하게 복원한 것이다.

　이 암각화는 특히 고래 사냥 장면을 자세히 묘사하고 있는데, 사람들의 역할 분담, 작살을 던져 잡는 방법, 고래의 종류, 고래의 생김새와 습성, 그리고 고래를 해체하는 방법과 그 부위까지 새겨져 있습니다. 이 그림들은 고래에 관한 최근의 연구 기록과 비교해도 크게 뒤지지 않을 정도로, 상당히 오랫동안 여러 시대, 여러 차례에 걸쳐 기록한 것이지요. 그런 면에서 보면 이 그림은 누군가 우연히 그렸다기보다는 알고 있는 사실을 기록으로 남기기 위해 고민하고 연구하다가 새겨 놓은 것으로 추정됩니다. 비가 들이치는 것을 막기 위해 위에서 아래로 비스듬히 기울어진 바위를 고르는 등 기록하기에 적당한 장소와 여건, 바위 종류 등을 세심하게 고른 흔적이 역력하지요. 후대에 기록을 남기기 위해 애쓴 인류의 노력에 고개가 절로 숙어집니다.

만약 문자가 있었다면 어땠을까요? 종이가 있었다면 책으로 남겼을 것이고, 종이가 없었다면 바위, 점토판, 나무껍질, 양피 등에 기록하여 남겼을 것입니다. 기록 매체가 무엇이든 문자가 있었다면 아주 쉽고, 정확하게, 효율적으로 기록하였을 것입니다. 그림으로 표현하는 것보다는 작은 공간에 매우 정확하고 효율적으로 기록하여 남길 수 있었을 것입니다.

초기의 문자들,
글자를 쓰기 시작한 흔적들

인류가 문자를 쓰기 시작한 것은 대략 지금으로부터 5,000~6,000년 전이라고 합니다. 물론 그보다 훨씬 더 이전부터 문자를 썼을 수도 있지만 현재까지 발견된 유물에 의하면 최소한 그렇습니다.

이집트 상형문자를 처음 발견한 사람은 프랑스 황제 나폴레옹의 이집트 원정군 포병 사관인 피에르 부샤르입니다. 1799년, 이집트 원정군이 나일강 하구의 로제타 마을에 진지를 구축할 당시 그는 돌비석 조각

이집트 상형문자가 새겨진 로제타석. 현재 런던의 대영박물관에 소장되어 있다.

을 하나 발견합니다. 고고학 전문가가 고문으로 참가했던 나폴레옹 군대는 이 비석이 범상치 않음을 금방 알아채고 고이 간직하게 되지요. 그 뒤 나폴레옹 군대가 영국군에게 패하면서, 이 비석은 영국군의 차지가 되어 현재는 런던 대영박물관에 소장되어 있습니다. 이집트 상형문자가 새겨진 이 돌비석은 로제타 마을에서 발견됐다고 하여 '로제타석'이라는 이름이 붙었습니다.

이집트 상형문자는 히에로글리프hieroglyph라고 불립니다. 이는 그리스어로 '성스러운 기록'이라는 뜻이지요. 히에르글리프는 기원전 3200년부터 기원후 394년까지 3,600여 년 동안 고대 이집트의 공식 문자였습니다. 이 밖에도 초기 문자들로는 기원전 2000년부터 쓰인 것으로 추정되는 중국의 갑골문자, 이보다 조금 앞선 기원전 3300년경부터 쓰인 것으로 추정되는 수메르 문명의 쐐기문자(설형문자)를 들 수 있습니다.

그렇다면 이들 문자는 어디에 기록되어 있었을까요? 종이가 발명되기 전이어서 갑골문자는 거북 껍질에, 상형문자는 파피루스에, 쐐기문자는 점토판에 기록되어 있었습니다. 당시 인류가 이런 기록을 남긴 이유에 대해서는 여러 가지 설이 있으나, 학자들은 사람들의 상업적 교류가 활발해지면서 기록해서 남길 필요가 있었기 때문일 것이라고 말합니다. 해독하기 어려운 그 문자들은 학자들이 오랜 시간 동안 연구에 연구를 거듭한 끝에 비로소 뜻을 알 수 있게 되었습니다.

문자의 역사를 거슬러 올라가 보면 '그림'이 나옵니다. 처음에는 그림으로 기록하다가 점차 문자로 기록하게 되었다는 것입니다. 문자를 만들기 전, 인류는 다른 문명의 영향 없이 보이는 대로, 느끼는 대로, 생

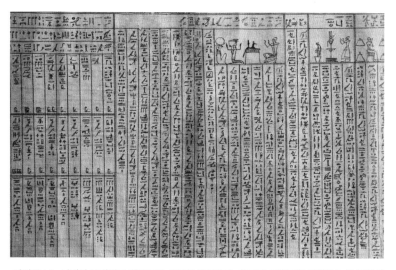

파피루스는 나일강 주변에서 자생하던 식물의 이름으로, 이집트 사람들은 파피루스 풀 줄기의 섬유로 일종의 종이를 만들어 사용했다. 종이(paper)의 어원이지만 종이와는 전혀 다르다.

각한 대로 사물이나 동물의 모양을 본떠 그림으로 표현하였습니다. 그런데 놀랍게도 이러한 그림 문자는 어느 문명이든 서로 닮아 있습니다. 인류의 생각이나 표현 방식이 비슷하다는 뜻도 됩니다.

지금은 누구나 특별한 제약 없이 쓸 수 있는 문자를 만들어 내기 위해 인류가 노력한 흔적들을 살펴보면 신비하고 놀랍습니다. 어쩌면 눈물겹기까지 합니다. 이런 옛사람들의 노력이 있었기에 우리가 지금 편하게 문자를 쓰고 있는 것이지요.

사람들은 자신이 알아낸 가장 중요한 정보를 문자로 기록해 놓았습니다. 그 대표적인 결과물이 바로 '책'입니다. 그래서 책을 '사람이 알아낸 것, 사람이 알고 싶은 내용을 기록해 놓은 것'이라 정의하기도 하지요. 결국 사람이 알아낼 수 있는 모든 내용이 담겨 있는 것이 바로 책입니다. 인류는 책을 쓰고, 만들고, 널리 읽도록 하기 위해 매우 오랜 시간 동안 노력해 왔습니다. 책을 읽기 위해 노력하는 일, 이것은 인류의 삶이 유지되는 한 영원히 계속될 일이 아닐까 합니다.

인간, 글자를 활용하다

지배계급은

왜 문자를 독점했을까?

지금으로부터 약 5,000년 전부터 쓰기 시작한 문자를 모든 인류가 보편적으로 사용한 것은 아닙니다. 하지만 앞서 말했듯이 인류가 문자를 본격적으로 사용하기 시작한 시기는 그로부터 2,000년이 지난 기원전 1000년쯤이지요. 일부 계층이 독점한 채로 문자를 사용한 시기가 있었다는 뜻입니다. 문자를 어렵게 발명해 놓고도 널리 쓰이는 데 2,000년이나 걸린 이유는 무엇일까요?

물론 이 긴 시간은 문자가 발달하는 데, 인간 지성이 발달하는 데 꼭 필요한 시간이었음이 확실합니다. 그렇지만 이렇게 오랜 시간이 걸린

오늘날 우리가 사용하는 알파벳은 페니키아 문자를 기반으로 만들어졌다. 사진은 페니키아 문자로 기록된 가장 오래된 유물인 비블로스에서 발견된 석관 뚜껑으로, 11세기경 이 지역을 다스렸던 아히람 왕의 것이다. 석관 뚜껑에는 도굴을 막기 위한 저주의 글이 페니키아 문자로 쓰여 있다.

데는 분명 이유가 있습니다. 두 가지 이유를 생각해 볼 수 있습니다.

첫째, 문자가 어려웠기 때문입니다. 익혀야 할 글자 수가 아주 많았습니다. 특히 초기 문자들은 언어의 생명인 규칙성도 낮았습니다. 더구나 일부 사람들만 썼기 때문에 보통 사람들이 문자를 접할 수 있는 기회도 적었습니다.

둘째, 지배계급이 문자를 독점하려 했습니다. 지배계급은 문자를 읽고 쓸 줄 아는 자만이 권력과 부를 누릴 기회를 가진다는 사실을 잘 알고 있었습니다. 문자를 아는 사람만이 종교와 법률 지식을 독점할 수 있었던 것이지요. 그러니 일반 백성에게 문자를 가르칠 리는 만무합니다.

일반 백성은 글을 배우고 싶어도 배울 수 없었습니다. 백성이 똑똑해지는 걸 권력자들이 원치 않았기 때문입니다. 아는 게 없고 가진 게 없는 백성은 지배계급에 의존해 살아갈 수밖에 없습니다. 그들을 통해서만 정보를 얻을 수 있었지요. 이런 순종적인 백성들을 원했기에 권력자들은 당연히 글자를 가르치지 않았던 것입니다.

그러다가 문자가 전 세계적으로 널리 쓰이게 된 혁명적인 사건이 일어났습니다. 바로 알파벳alphabet의 탄생입니다. 알파벳은 지금으로부터 약 3,000년 전인 기원전 1000년경에 완성된 것으로 학계는 보고 있습니다. 하지만 어느 날 갑자기 누군가가 발명한 것은 아닙니다. 오랜 시간 변형을 거쳐 오늘에 이르렀지요. 알파벳의 기원은 이집트 상형문자와 셈족 계통 사람들의 언어에서 찾을 수 있습니다. 그 뒤 페니키아 사람들이 이를 바탕으로 22자를 만들었고, 이것이 그리스와 로마 시대를 거치면서 오늘날 우리가 쓰고 있는 모양으로 발전했다고 합니다.

인류 초기 문자인 그림문자, 쐐기문자, 상형문자, 갑골문자 등 여러 고대 문자를 거쳐 이집트 상형문자에 와서는 소리를 적어 쓸 수 있는 획기적이고 놀라운 발전을 보입니다. 이집트 상형문자는 단어 하나하나마다 상징하는 기호가 따로 있어 아주 복잡했고, 표의문자, 상징문자, 표음문자가 모두 들어 있었지요. 그중에서 표음문자(소리글자)가 오늘날처럼 정리된 문자체계로 발전했을 것으로 학계는 보고 있습니다.

인류의 문자혁명,
알파벳의 탄생

알파벳이 탄생하면서 많은 사람이 글자를 읽고 활용할 수 있게 되었습니다. 문자의 대중화가 일어난 것입니다. 이로 인해 지식과 정보가 공유되기 시작했고, 인류 문명이 비약적으로 발전하는 계기가 만들어졌습니다.

알파벳은 "그리스문자, 로마자, 슬라브문자 등 구미 언어의 표기에 쓰이는 글자의 총체"를 말하며, 약 30개의 글자로 이루어져 있습니다. 이러한 알파벳의 발명은 인류 문자의 역사에서 매우 중요한 의미를 지닙니다. 글자 수가 적고, 배우기 쉬우며, 규칙적인 문자체계가 탄생했음을 뜻하기 때문이지요.

페니키아의 도시 국가 우가리트^{Ugarit}는 문자 역사에서 알파벳을 일궈낸 고장으로 알려져 있습니다. 지중해 연안에 위치한 이 유적에서 1928년, 수천 점의 점토판 문서에 쓰인 우가리트 알파벳이 발견되었기 때문이지요. 다른 문자들과는 달리 30여 개의 자모체계를 갖춘 문자였습니다. 이 문자는 왕성한 해상 활동을 하던 페니키아인들에 의해 동서로 전파되었습니다.

기원전 1000년경부터 쓰인 페니키아 알파벳은 세계 무역을 주름잡던 페니키아인의 무역 활동과 함께 전 세계의 각 지역으로 퍼져 나갔습니다. 그리고 라틴 알파벳, 인도어 알파벳, 페르시아어 알파벳, 아랍어 알파벳, 히브리어 알파벳 등 수많은 문자에 영향을 미쳤지요. 이후 유대교와 기독교 성서를 통해 더욱 널리 퍼졌고, 세계 문자의 중심이 되어 현재에 이르고 있습니다.

알파벳이라는 이름도 그리스 알파벳의 첫 번째 글자인 알파alpha와 두 번째 글자인 베타beta를 합친 것입니다. 그리스 알파벳이 현대 알파벳에 직접적으로 영향을 미쳤다는 사실을 짐작할 수 있습니다.

인류 문자 활용의 역사는 알파벳의 역사라 해도 지나친 말이 아닙니다. 그림문자로 시작한 인류 문자의 역사는 오랜 시간 동안 발전에 발전을 거듭하여 알파벳이라는 인류 최고의 발명품을 탄생시켰습니다.

지중해

우가리트(기원전 6000~1200년)

한자,
또 다른 문자의 역사

문자에는 알파벳만 있는 게 아닙니다. 알파벳의 영향권에 포함되지 않는 문자들도 많습니다. 대표적인 나라가 중국입니다. 한자의 기원은 대체로 은殷나라 때 사용된 갑골문자로 보는 견해가 우세합니다. 중국의 창힐이라는 사람이 만들었다는 설도 있으나 한 사람이 만든 게 아니라 여러 시대를 거쳐 발전해 왔다는 게 통설입니다.

한자는 글자 한 자 한 자가 독자적인 뜻을 가진 표의문자, 즉 뜻글자입니다. 초기 한자들은 생긴 모습을 본떠 만들어졌는데, 이러한 특징들은 이집트 상형문자를 닮았다고 볼 수 있습니다. 그러나 한자는 이집트 상형문자와는 달리, 글자들이 합쳐져 새로운 뜻을 가진 글자들이 만들어지면서 발전해 왔습니다. 이렇게 발전한 한자는 문명이 발달함에 따라 필요한 글자를 점점 늘려 가며 오늘에 이르고 있는데, 현재는 5만 5,000자 정도 됩니다.

이렇게나 외워야 할 글자들이 많은데 한자는 어떻게 오늘날까지 많은 사람이 사용하는, 살아 있는 글자가 될 수 있었을까요? 바로 간체자 (간화자) 덕분입니다. 한자는 글자 수가 많고, 글자 모양이 복잡해 배우기가 무척 어렵습니다. 이 때문에 중국은 1964년 간화자총표簡化字總表를 발표해, 한자를 단순하게 만든 약자 형태인 간체자를 만들어 써 왔습니다. 하지만 이런 조치가 원래 글자인 한자 번체자를 잊어버리게 만드는 역

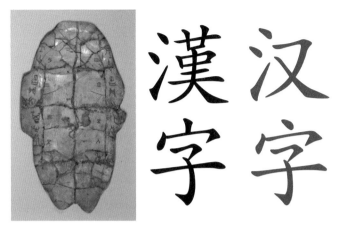

고대 중국에서 사용된 갑골문자와 현대 중국에서 사용되는 간체자. 갑골문자는 거북의 등껍질인 귀갑(龜甲)과 동물의 뼈인 수골(獸骨)에 새긴 글자로, 현존하는 가장 오래된 문자의 기록이다.

효과를 불러와, 중국의 고민이 크다고 합니다.

중국에서 문자를 처음 쓰기 시작한 때나 확산된 시기를 생각해 보면, 사실 알파벳을 만든 서구 문명과 그 시기나 과정이 크게 다르지 않습니다. 중국의 한자는 매우 오랜 시간 동안 알파벳과 비슷한 발전 과정을 거쳐 오늘날에 이르렀지요. 약 30개의 글자를 조합해 단어를 만드는 알파벳과 그 원리는 크게 다르지만, 발달 과정만 살펴보면 두 문자는 닮은 점이 많다고 할 수 있습니다.

인류는 각자 따로 살고 있었지만 가장 필요한 때에 각각의 방법으로 문자를 만들고, 발전시켜 왔다는 점에서 닮은 점이 많습니다. 인간 지성의 발달 과정이 많이 닮아 있듯이 말입니다.

언어활동의 시작, 소리 듣기

인간의 언어활동은
소리 듣기에서 시작한다

사람은 언제부터 듣기가 가능할까요? 처음 소리를 들었던 때를 기억하는 사람은 단 한 명도 없겠지만 사람의 듣기 기능은 꽤 일찍부터 발달합니다. 임신 5~6개월이면 청각 중추의 발달이 완성됩니다. 그러므로 아이는 엄마 배 속에 있을 때부터 주변 소리를 다 듣고 자랍니다.

특히 양수 속에선 공기 중보다 소리가 더 잘 전달되어, 배 속에 있는 아이는 엄마와 다른 사람의 목소리를 구분할 수 있다고 하니 신기할 따름입니다. 그러니 임신 중에 먹는 것, 듣는 것, 말하는 것, 보는 것도 조심하라는 옛사람들의 이야기는 과학적인 근거가 있는 것입니다. 특히 다른 사람의 말소리는 공기를 매개로 전달되는 데 비해, 엄마 목소리는 엄마의 몸 울림과 뼈를 매개로 전달되기 때문에 영향력이 더 크다고 할 수 있지요.

흔히 인간의 언어활동을 '듣기, 말하기, 읽기, 쓰기'의 네 영역으로 구분하는데, 흥미롭게도 인간이 언어를 익혀 가는 순서도 이와 일치합니다. 그러니까 말하기가 듣기보다 앞설 수 없습니다. 다시 말해 사람에게 말을 가르치려면, 무엇보다 먼저 말을 들려주어야 합니다. 아기들은 가장 가까이에 있는 엄마, 아빠 등 주변 사람들의 말을 듣고 말을 배우게 됩니다. 선천적으로 들을 수 없거나 듣기 활동이 불가능한 환경에서 산다면 말을 할 수 없게 됩니다.

그러면 아이들은 어떤 말부터 배우게 될까요? 일반적으로 엄마, 아빠, 맘마, 코, 눈, 입, 배, 귀 등의 생활 용어나, 신체 부위를 가리키는 말, 가까운 사람들이 자주 쓰는 말을 먼저 배우게 됩니다. 물론 처음에는 발음이 정확하지 않을 겁니다. 유아어를 섞어서 쓰기도 하고요. 하지만 조금 더 발달하면 간단한 문장을 만들어 이야기하는 단계로 발달합니다. "엄마 맘마, 밥 줘." "맘마, 과자 줘."처럼 간단한 문장을 만들어 사용하다가, "엄마, 과자 먹고 싶어요. 과자 주세요." 등으로 발전하고, 나중에는 "엄마, 초콜릿이 들어간 과자 먹고 싶어요."처럼 복잡한 문장을 말할 수 있게 됩니다.

이처럼 말 배우기가 소리 듣기로부터 시작된다는 사실을 알게 되면 아이들과 많은 이야기를 나눠야겠다고 생각하실 겁니다. 옳은 생각입니다. 질적으로 좋은 어휘가 포함된 대화를 많이 나누는 것은 아이들의 '어휘 저수지'를 채워 주는 일이며, 이 저수지 안에 저장된 단어(어휘, 문장)들은 아이들이 말할 때, 책을 읽을 때, 글을 쓸 때 쓰입니다.

가정에서의 대화가
아이의 언어 발달을 결정한다

2018년, 세인트 메리오브더우즈 칼리지Saint Mary-of-the-Woods College의 심리학자 더글러스 스페리Douglas Sperry가 이끄는 연구팀이 놀라운 연구 결과를 발표했습니다. '아이들의 언어 발달은 소득이나 사회계층에 의해 결정되는 것이 아니라, 직접적·간접적으로 듣는 소리의 질과 양으로 결정된다'는 것이 그 내용이었지요. 각 가정의 문화, 가족 관계에 의한 대화의 질과 양이 언어 발달을 결정한다는 것입니다.

이 연구 결과는 소득이나 계층(가난한 가정, 노동자 가정, 중산층, 전문직 가정)에 의해 아이들의 언어 발달이 결정된다고 알려졌던, 약 20년 전 연구 결과를 정면으로 뒤집는 것이었습니다. 당시 심리학자인 베티 하트[Betty Hart]와 토드 리슬리[Todd Risley]는 '4세 전까지 가난한 아이들은 부유한 또래보다 평균 3,000만 단어를 덜 듣는다'는 연구 결과를 내놓았지요.

두 개의 연구는 상반된 결과를 보여 줍니다. 그러나 이를 단순 비교하기는 어렵다고 생각합니다. 언어 발달에 사회계층이나 빈부 차이가 어느 정도 영향을 주기는 하겠지만, 그 결정적인 요소는 가정 구성원들의 대화라는 사실이 희망적입니다. 사회계층의 이동이나 빈부 격차 해소가 전혀 불가능한 일은 아니지만, 현실적으로 어렵기 때문이지요. 반면에 가정 내에서의 대화의 질과 양은 노력 여하에 따라 가능합니다.

어쩌면 그것은 큰 노력을 들이지 않고도 할 수 있는 일일지 모릅니다. 태어나기 전부터 혹은 태어나면서부터 부모가 자식에게 사랑이 담긴 따뜻한 목소리로 대화를 많이 하면 되는 것입니다. 이처럼 아이들의 삶을 결정하는 중요한 일은 엄마, 아빠의 따뜻한 대화에서 시작됩니다.

소리 듣기는
글자 읽기의 시작

앞서 말했듯이 말하기는 듣기로부터 시작됩니다. 읽기도 당연히 소리 듣기로부터 시작됩니다. 우리는 일상생활에서 '마음을 읽는다', '표정을 읽는다'는 말을 쓰기는 하지만 여기서 읽는다는 것은 글자를 안다는 사실을 전제합니다.

글자를 배우기 전에는 읽지 못합니다. 아주 당연한 얘기죠. 글자 읽기를 배우기 위해서는 상당한 시간도 필요합니다. 글자를 눈으로 보는 시간, 글자에 해당하는 소리를 듣는 시간, 글자를 눈으로 보며 동시에 글자에 해당하는 소리를 듣는 시간이 쌓이고 쌓여야 하고, 그 뒤로도 글자, 낱말, 문장을 익숙하게 읽기 위해서는 꾸준한 노력과 의미 있는 충분한 자극이 필요합니다.

인간의 뇌 발달 중에서 듣는 것, 즉 청각신경이 가장 빨리 진화되고, 글을 깨우쳐 이해하는 부분은 훨씬 뒤에 천천히 발달한다는 것은 익히 알려진 사실입니다. 이는 아기에게 듣기 자극이 가장 효과적이며 합리적이라는 것을 의미합니다. 생후 6개월이 지나 새로운 것을 배우기 시작할 무렵, 엄마나 아빠 품에 안겨 책 읽어 주는 부모님의 목소리를 듣는다면 아이들에게 독서는 사랑과 연관 있는 아름다움이라는 느낌으로 남게 됩니다.

부모님이 책을 읽어 준다는 것에는, 이야기를 들으면서 궁금한 것을

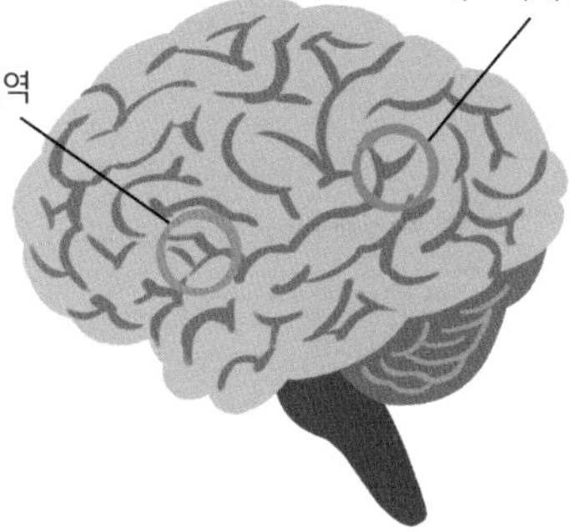

베르니케 영역은 대뇌 피질 좌측 반구에 위치한 언어 중추 중 한 영역으로, 언어의 의미를 이해하는 기능을 담당한다. 브로카 영역은 언어의 표현에 관여하는 뇌 부위로, 이 부분이 손상되었을 경우 실어증이 나타난다.

물어보고 대답해 주는 과정이 포함됩니다. 부모님이 읽어 준 책의 내용은 아이 뇌의 베르니케 영역(듣고 이해함)으로 들어간 후 곧바로 브로카 영역(정보를 입으로 표현)으로 보내집니다. 아이의 생각이나 감정은 입을 통해 말로 표현되기 때문에, 두 영역, 즉 이해와 표현의 영역은 유기적으로 작동하면서 아이의 사고와 표현력 발달에 도움을 줍니다. 따라서 아이 혼자서 책을 읽는 것보다 부모님이 책을 읽어 주며 대화를 나누는 것은 언어능력은 물론 두뇌 발달까지 가능하게 해 주는 최고의 방법인 것입니다.

『책 읽는 뇌』의 저자 매리언 울프Maryanne Wolf는 그의 저서에서 '한 사람이 글자를 잘 읽게 되기 위해서는 약 2,000일의 시간이 필요하다'고 설명하고 있습니다. 인간이 문자를 쓰기 시작한 이후 전 인류가 널리 쓰게 되는 데 걸린 시간을 약 2,000년으로 잡았을 때, 인류 역사를 한 개인의 성장과 발달의 시간으로 바꾸면 2,000일이 된다고 설명하고 있습니다. 2,000일은 약 5.5년입니다.

이런 설명을 뒷받침하는 듯 전 세계 초등학교 취학 연령은 대체로 6~7세입니다. 이때부터 문자 교육, 즉 글자를 읽고 쓰는 교육이 시작되는 것입니다. 그러나 글자를 읽고 쓰는 교육의 성과는 이보다 훨씬 이전부터 시작되는 듣기의 질과 양이 좌우합니다. 소리를 듣는 일, 더 나아가 글자를 보면서 소리를 듣는 일이 쌓이고 쌓이면서 글자를 읽을 수 있게 되고, 숙련된 독서가도 될 수 있습니다.

0~3세,
음성 인식 기능이 가장 뛰어날 때

그러면 책 읽어 주기는 언제부터 시작하는 게 좋을까요? 혹시 '책 읽기는 엄마 배 속에서 시작한다'는 말을 들어 본 적이 있는지 모르겠습니다. 실제로 사람의 음성 인식 기능(소리와 소리를 구분하는 기능)은 0~3세 시기에 가장 잘 발달합니다. 그러니 '듣기를 통한 책 읽기의 시작', 곧 '책 읽어 주기'는 아주 일찍부터 시작하는 게 좋습니다.

2014년, 미국소아과학회는 갓 태어난 신생아에게도 부모가 책을 읽어 줄 것을 권고했습니다. '태어난 직후 신생아에게 습관적으로 소리 내

어 책을 읽어 주면 아이의 지적 능력이 좋아질 수 있다'는 것이 그 이유였지요. 출생 후 3년 이내에 뇌 발달의 중요한 부분이 이뤄진다는 점을 감안하여 아이들이 태어난 직후부터 책을 읽어 주라고 한 것입니다. 미국소아과학회가 만 2세가 되기 전까지 TV, 컴퓨터 등을 보지 않도록 하는 것이 좋다는 권고안을 내놓은 적은 있었으나, 신생아에게 책 읽어 주기를 권고한 것은 그때가 처음이었습니다.

아이는 부모의 책 읽어 주기를 통해 다양한 소리를 듣고, 이야기를 즐기며, 정서적인 교감 및 유대감을 느끼게 됩니다. 책 읽어 주기는 부모가 이 시기 아이들에게 해 줄 수 있는 최고의 선물인 셈입니다.

미국의 소설가 에밀리 부흐발트 Emilie Buchwald는 "아이들은 부모의 무릎 위에서 독자가 된다(Children are made readers in the laps of their parents),"

라고 말했습니다. 아기들은 부모의 품에 안긴 채 부드럽고 잔잔한 음성을 들으며 평안과 행복감을 느끼고, 뇌를 끊임없이 자극하는 소리 덕분에 두뇌 발달도 활발히 이루어집니다. 이런 과정이 되풀이되면 아이는 어느새 이야기를 즐기게 되고, 이야기 속 등장인물들을 모두 친구로 생각하게 되죠. 더 나아가 아이는 그들의 행동 양식, 의사 결정 방식, 언어, 사고방식, 인간관계 등을 배우며 사회의 일원으로 자라나는 것입니다.

글자 읽기 직전, 3세 무렵의 통째로 외우기

얼마 전 친구가 갑자기 이런 말을 했습니다.

"노래 가사를 가장 많이 외우고 있던 시기는 노래방 기계가 나오기

직전이고, 전화번호를 가장 많이 외우던 시기는 사람들이 휴대전화를 많이 가지고 다니기 직전이다."

어떻습니까? 정말 맞는 말 아닌가요? 노래방 기계에서 가사를 띄워 주니까 가사를 외우지 않아도 되고, 휴대전화에 번호가 저장되어 있으니 굳이 외우지 않아도 됩니다.

그렇게 생각하면, 인간의 기억력이 가장 좋았던 때는 인류가 문자를 쓰기 직전이 아닐까 합니다. 어떻게 보면 사람들은 기억하기 위해서가 아니라 기억하지 않기 위해서 메모를 했다고 할 수 있습니다. 인류도 오랜 노력 끝에 문자를 발명해 쓰고 있지만, 글자로 기록하다 보니 이젠 굳이 외우지 않아도 되었던 것입니다. 그러니 '기억하지 않기 위해 기록한다'는 것은 정말 맞는 말입니다.

이런 현상은 뇌의 특성을 살펴보면 아주 자연스러운 일입니다. 뇌는 사람이 자주 쓰는 기능은 더 발달하고, 쓰지 않는 기능은 퇴화하는 특성이 있습니다. 이를 뇌의 발달을 설명하는 여러 가지 원리 중에서 '가지치기'라고 합니다. 쓰는 것은 발달하고, 쓰지 않는 것은 잘라 버리는 것과 같습니다.

아이들을 키우다 보면 '우리 아이가 천재 아닐까?'라고 생각하게 되는 때가 있습니다. 우리 아이만 특별한 능력이 있는 것처럼 여겨지는 때가 있지요. 저도 아이들이 26~30개월 무렵에 책 내용을 통째로 외워서 줄줄 말할 때 '우리 아이가 정말 천재일지도 모른다'는 생각을 한 적이 있습니다.

이 책을 읽는 분들도 그런 행동(현상)을 본 적이 있거나, 들은 적이 있거나, 아니면 자녀들이 그런 행동을 한 적이 있지는 않았나요? 저는 본 적도 있고, 들은 적도 많습니다. 물론 이런 일은 아주 일찍부터 책 읽어 주는 소리를 많이 듣고 자란 경험이 있는 아이들에게만 해당합니다. 어느 정도 조건이 충족되면 누구에게나 흔히 일어날 수 있는 일이라는 의미지요. 이는 지속적인 언어 자극과 책 읽어 주기가 그만큼 중요하다는 사실을 확인시켜 줍니다.

문장은 눈과 귀로 들어와서 혀와 펜으로 나간다

"문장은 눈과 귀로 들어와서 혀와 펜으로 나간다."라는 말이 있습니다. 아주 유명한 말입니다. 좋은 문장을 많이 듣고 읽다 보면 나중에 자신의 말과 글을 표현할 때 큰 도움이 된다는 의미지요. 말하기와 쓰기의 중요성을 강조하는 데 자주 인용되는 문장이기도 합니다.

여기서 눈(읽기)과 귀(듣기)는 입력 장치를 뜻하고, 혀(말)와 펜(글)은 출력 장치를 뜻합니다. 그중에서 '말'은 매우 기본적이면서도 직접적인 출력 장치에 해당합니다. 우리는 대부분 출력을 말로 합니다. 말하기 활동인 토의, 토론을 강조하는 것도 일상생활에서 일어나는 기본적인 출력이 매우 중요하기 때문입니다. 펜으로 하는 출력(글쓰기)은 좀 더 복잡하고 차원이 높습니다. 글로 쓰는 것은 말을 하는 것보다 어렵습니다. 눈과 귀로 많은 정보를 습득했다 해도 글이라는 형태로 출력하기란 결코 쉽지 않지요. 독서를 잘하는 아이도 꾸준히 연습하지 않으면 글쓰기를 잘할 수 없습니다. 글쓰기는 훈련이 필요합니다.

눈과 귀로 익힌 어휘는 말하기나 글쓰기로 출력됩니다. 일반적으로 초등학교에 들어가면 글씨 쓰기를 연습하고, 점차 글쓰기를 익혀 나갑니다. 그러다 3학년 정도 되면 글씨를 제대로 쓰면서 비로소 글쓰기에 어느 정도 익숙해지지요. 물론 완성되려면 더 많은 시간이 필요합니다. 시간을 갖고 꾸준히 노력해야 합니다.

책을 읽으려면
어휘력을 늘려야 한다

글자를 알면
책을 읽을 수 있다는 착각

글자를 알면 '책을 읽을 수 있는 기본적인 능력을 갖췄다'고 할 수 있습니다. 그야말로 기본적인 능력입니다. 하지만 '글자를 알면 책을 읽을 수 있다'는 생각은 착각입니다. 그것은 '걸을 수 있다면 뛸 수도 있다'고 믿는 것과 같습니다. '뒷동산을 오를 수 있으면 백두산도 오를 수 있다'고 믿는 것과 같습니다. 물론 불가능한 일은 아니지만 많은 시간과 노력이 필요합니다. 적절한 훈련 과정이 있어야 가능합니다.

읽기 능력의 발달은 어휘(단어, 낱말)의 확장에 달려 있다고 해도 과언이 아닙니다. 아는 어휘가 많아야 잘 이해할 수 있습니다. 만약에 책을 읽고 있는데 모르는 어휘가 많다면 내용이 담고 있는 의미를 제대로 이해하기 어렵습니다. 그래서 어휘를 늘리는 것이 중요합니다.

그렇다면 어떻게 해야 어휘를 확장할 수 있을까요? 어휘를 늘려 가는 과정은 단순합니다. 책을 읽을 때 모르는 어휘가 나오면 그 뜻을 알기 위해 노력하면 됩니다. 주변 사람들에게 묻기도 하고, 인터넷을 검색하거나 사전을 찾아보아야 하지요. 하지만 가장 중요한 방법은 '유추 과정'을 되풀이하는 것입니다. '미루어 짐작하는 과정'을 반복하는 게 필요하지요. 아직 뜻을 확실하게는 알 수 없지만 '이런 뜻이겠구나' 하고 짐작해야 합니다. 이렇게 짐작하며 계속 읽다 보면 짐작한 뜻이 맞는지 틀렸는지 알게 됩니다. 짐작한 뜻이 맞았다면 그 어휘는 이제 아는 어휘가 되

고, 틀렸다면 맞는 의미가 무엇인지 생각하고 익히게 되니 그 역시 아는 어휘가 되는 것이지요. 어휘의 확장은 이 과정을 되풀이하며 이루어집니다. 결국은 읽는 과정을 되풀이하면서 어휘가 확장되어 나가는 것입니다. 이렇게 확장된 어휘는 다음에 책을 읽을 때 쓰입니다.

이런 과정이 잘 이루어지는 아이는 선순환 과정을 거쳐 순조롭게 어휘를 늘려 가지만, 이 과정이 부실한 아이는 악순환을 겪으며 책을 멀리하게 됩니다. 그러다 결국 어휘력이 부족하여 자신의 나이에 맞는 책을 읽지 못하게 되지요. 이런 어려움이 반복되면 책을 싫어하는 아이로 자라게 됩니다.

저는 강의할 때 가끔 수강자들에게 묻곤 합니다.

"고학년 아이들이 해당 학년이 읽어야 할 수준의 약간 두꺼운 책을 읽지 않고 있다면, 이것은 안 읽는 것일까요, 못 읽는 것일까요?"

정답은 '못 읽는 것'입니다. 제 질문에 쉽게 답을 찾아내는 사람들이 많습니다. 물론 '안 읽고 있다'고 답하는 분들도 꽤 있습니다. 착각하고 있는 것입니다. 이런 착각은 나이가 많아지거나 학년이 올라가면 누구나 책을 잘 읽을 수 있다고 생각하는 데서 비롯됩니다. 그러나 매우 안타깝게도 나이를 먹고 학년이 올라간다고 해서 독서 수준이 저절로 발달하지는 않습니다. 읽는 과정을 되풀이하는 과정에서 어휘가 쌓여 가며 독서 능력과 수준이 발달한다는 사실을 또 한번 강조하고 싶습니다.

인간의 지능에서 가장 중요한 것은
언어능력

제가 어렸을 때는 IQ, 곧 지능지수가 매우 중요한 것으로 인식되었습니다. 하지만 사람들은 지능지수가 공부를 잘하는 것과 상관관계가 있긴 하나, 지능지수만으로는 해석할 수 없는 부분이 있다는 사실을 알게 되었습니다. 학자들이 연구해 보니 지능지수는 학교 공부의 성공 여부를 정확하게 예측할 수는 있지만, 학교 교육이 끝난 전문 직업에서의 성공은 예측하지 못하는 한계를 드러냈습니다.

지금으로부터 40여 년 전인 1983년, 하워드 가드너^{Howard Gardner} 박사가 다중지능^{Multiple Intelligences} 이론을 발표했습니다. 지능이 높으면 모든 영역에서 우수하다는 획일주의적인 지능관을 통렬히 비판하면서, 인간

의 지적 능력은 서로 독립적이며 다른 여러 유형의 능력으로 구성되어 있다고 주장했지요. 가드너는 인간의 지능이 '언어 지능, 논리 수학 지능, 공간 지능, 음악 지능, 신체 운동 지능, 대인 관계 지능, 개인 이해 지능, 자연 친화 지능'의 8가지로 구성된다고 말했습니다.

이러한 변화와 더불어 미국의 심리학자 데이비드 웩슬러^{David Wechsler}가 만든 웩슬러 아동 지능 검사^{Wechsler intelligence scale for children}가 널리 쓰이게 되었습니다. 현재 지능검사 중 세계에서 가장 많이 쓰이는 이 검사는 언어성 검사와 동작성 검사를 하여 수치로 나타냅니다. 그런데 웩슬러와 가드너의 이론에는 공통점이 있습니다. 바로 언어능력을 중요하게 여기는 것입니다.

아이들의 어휘 저수지를
가득 채워라

'아이들의 어휘 저수지를 가득 채워 줘야 한다'는 말이 있습니다. 아이의 두뇌에 '어휘 저수지'가 있다고 가정하고, 이 저수지에 어휘를 가득 채워 주어야 한다는 뜻입니다. 어휘를 채워 주는 방법은 의외로 많지 않습니다. 듣기로 채우는 방법, 스스로 글자 읽기로 채우는 방법이 대표적입니다.

아이들이 글자를 읽을 줄 모를 때는 부모와의 대화나 책 읽어 주는 활동을 통해서 어휘가 채워집니다. 대화도 매우 좋은 방법이지만 책 읽어 주기가 훨씬 더 좋은 방법입니다. 책 속에 들어 있는 풍부한 어휘와 문장은 부모와의 대화와는 비교할 수 없습니다. 그런 어휘와 문장이 가득 들어 있는 책을 읽어 주는 것은 어휘 저수지를 채우는 가장 좋은 방법입니다. 글자를 읽을 수 있게 되면 글을 읽는 활동을 통해서 서서히 어휘와 문장이 채워집니다. '읽기는 어휘 습득의 최상 방법이 아니라 유일한 방법이다'라는 말도 읽기를 강조한 말입니다.

어휘 저수지에 어휘와 문장이 가득 차게 되면 마치 저수지 물이 흘러 넘치듯이 밖으로 나오게 되는데 이때 나타나는 현상이 세 가지가 있습니다.

첫째, 말로 나옵니다. 아이들이 말을 한다는 것은 뇌 속에 저장된 아는 어휘, 아는 문장을 사용하여 표현하는 것입니다. 당연한 이야기입니다. 모르는 어휘와 문장으로 말할 수 있겠습니까? 아기는 처음에 말할 때 '어휘 저수지'에 쌓여 있는 어휘를 사용하여 말합니다. 점점 커 가면서 말을 잘하게 되는 데도 풍부한 어휘와 문장은 필요합니다. 어휘의 저수지에 어휘가 부족하게 되면 말하는 시기가 늦어지고, 사용하는 어휘와 문장이 충실하지 못할 수 있습니다.

둘째, 글자를 읽을 때, 책을 읽을 때 쓰입니다. 글자를 읽을 때도 어휘 저수지에 쌓여 있던 어휘와 문장들을 활용합니다. 뜻을 알 수 있는 어휘와 문장이 많을수록 글자 읽기(책 읽기)를 잘할 수 있습니다.

셋째, 글로 표현할 때 쓰입니다. 마찬가지로 글을 쓸 때도 '어휘 저수지'에 들어 있는 풍부하고 아름다우며 적절한 어휘와 문장들을 사용하여 글을 쓰게 됩니다.

당연한 내용을 설명한 것입니다. 어휘와 문장이 풍부하면 말하기, 읽기, 글쓰기를 잘할 수 있습니다. 그러기 위해서 엄마 배 속에서부터 대화를 시도하고, 책 읽어 주기를 쉬지 않고 해 주어야 합니다.

한글 덕분에
5년 먼저 책을 읽다

한글, 세상 사람들이
부러워하는 최고의 문자

한글은 세상에 유례없는 독창적인 문자로 통합니다. 백성들 스스로 자신이 쓰는 말을 읽고 쓸 수 있게 해 주고 싶었던 위대한 임금, 세종대왕이 발명한 글자입니다. 우리가 잘 알고 있듯이 한글은 1443년에 세종대왕이 만들어 1446년에 반포했습니다. 『훈민정음』 '어제 서문'에서 세종대왕은 "백성들이 글자를 쉽게 익혀 쓸 수 있도록 만들었다."라고 밝히고 있습니다.

한글이 창제자와 창제 연도가 밝혀진 몇 안 되는 문자 중 하나라는 사실도 위대하지만, 익히고 배우기가 쉬운 글자라는 사실은 더 위대합

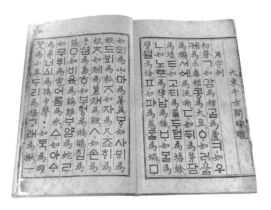

『훈민정음』은 크게 본문인 '어제 서문'과 '예의', 그리고 '해례'와 '정인지 서문'으로 나누어진다. 세종이 직접 지은 '예의'는 한글을 만든 이유와 사용법을 간략하게 쓴 글이고, 집현전 학사들이 지은 '해례'는 한글의 자음과 모음을 만든 원리를 상세하게 설명한 글이다. 사진은 국립한글박물관에 전시된 『훈민정음』.

니다. 『훈민정음』에서 정인지는 "지혜로운 사람이면 훈민정음을 아침나절이 되기 전에 이해하고 어리석은 사람도 열흘 만에 배울 수 있다."라고 밝히고 있지요.

그런데 아이러니하게도 한글은 창제된 이후 한동안 한자보다 좋은 대접을 받지 못했습니다. 중화사상에 젖어 있던 조선 시대 양반들은 한글을 낮잡아 보곤 했습니다. 게다가 일반 백성에게는 한글을 배울 기회조차 주어지지 않았지요. 따라서 우리나라가 해방되던 해인 1945년 무렵 우리나라 문맹률은 78%(12세 이상) 정도였습니다. 엄청나게 높은 문맹률입니다. 더구나 일제강점기에는 우리말, 우리글을 가르치지 않았다는 점도 문맹률을 높인 하나의 이유라 할 수 있습니다.

교육부 통계에 의하면 2021년 우리나라 문맹률은 약 4.5%입니다. 전 국민이 글자를 읽고 쓸 수 있다는 뜻입니다. 문맹률이 80% 가까이 되던 나라의 국민이 약 80년 만에 대부분 글을 쓰고 읽게 된 것은 오로지 한글의 위대함 덕분이라고 할 수 있습니다. 물론 배우고자 하는 의지가 세계 어느 국민보다 강하고 초등학교 취학률이 매우 높아진 것도 하나의 원인이 되겠지요. 하지만 전 세계 국가의 문맹률이 20% 내외인 것을 감안하면 우리나라의 낮은 문맹률은 경이롭기까지 합니다.

　　그런데 안타깝게도 우리나라의 실질적 문맹률은 문맹률에 비해 높은 편입니다. 실질적 문맹률은 책을 잘 읽어서 이해하여 받아들인 뒤 활용할 수 있는 정도를 말하는 것으로, 글자를 읽을 수 있는 정도를 나타내는 문맹률과 다릅니다. 실질적 문맹률과 문맹률에 대해서는 뒤에 자세히 알아보도록 하겠습니다(148~150쪽 참조).

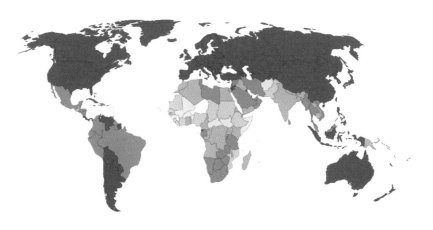

세계 문맹률 지도(2015). 색이 짙을수록 문맹률이 낮고, 색이 옅을수록 문맹률이 높은 지역이다.

한글,
생각하는 모든 글자를 적을 수 있다

한글은 음운학, 언어학에 뛰어난 식견을 가진 위대한 왕이 만든 글자이기에 구성이 남다릅니다. 다른 문자보다 나중에 생겨난 것으로, 다른 문자들의 시행착오를 없애고 장점을 살려 만들 수 있었다는 주장과 의견도 있습니다. 맞는 얘기입니다. 한글의 구성 원리를 알고 나면 한글의 우수성을 확인할 수 있을 것입니다.

한글은 24개의 자음과 모음으로 모든 소리를 쓸 수 있습니다. 닿소리(자음) 14개, 홀소리(모음) 10개입니다. 원래는 네 글자가 더 있었으나 중간에 사라졌고, 지금은 24개만 쓰고 있습니다. 원래 있었던 글자까지 쓸 경우에 b와 v 발음, p와 f 발음 차이까지 적을 수 있었다고 합니다.

홀소리 10개를 조합하여 만든 겹홀소리가 11개입니다. 그리고 겹닿소리 5개를 합치면 모두 40개가 됩니다. 이 정도면 세상의 모든 소리를 다 적을 수 있는 수준입니다. 이 밖에도 홀로 쓰이지 않고 다른 글자의 받침으로 쓰이는 ㄳ, ㄵ, ㄶ, ㄺ, ㄻ, ㄼ, ㄽ, ㄾ, ㅀ, ㅄ와 같은 겹받침이 11개가 있습니다.

한글 자음과 모음을 조합하여 만들 수 있는 글자 수가 자그마치 1만 1,172자입니다. 이 정도 글자면 자연의 모든 소리를 담아낼 수 있을 정도입니다. 이런 사실은 실험을 통해 증명되었습니다. 여러 나라에서 온 유학생과 우리나라 학생들에게 말도 안 되는 소리(큭찹빽딸컷폴쌍떵 등)를

구분	글자	글자 수
닿소리(자음)	ㄱ, ㄴ, ㄷ, ㄹ, ㅁ, ㅂ, ㅅ, ㅇ, ㅈ, ㅊ, ㅌ, ㅋ, ㅍ, ㅎ	14
홀소리(모음)	ㅏ, ㅐ, ㅓ, ㅔ, ㅗ, ㅚ, ㅜ, ㅟ, ㅡ, ㅣ	10
겹닿소리(겹자음)	ㄲ, ㄸ, ㅃ, ㅆ, ㅉ	10
겹홀소리(겹자음)	ㅑ, ㅕ, ㅛ, ㅠ, ㅒ, ㅖ, ㅘ, ㅝ, ㅙ, ㅞ, ㅢ	11
겹받침(겹자음)	ㄳ, ㄵ, ㄶ, ㄺ, ㄻ, ㄼ, ㄽ, ㄾ, ㄿ, ㅀ, ㅄ	11

불러 주며 각각 자기네 글자로 적게 해 보았습니다. 빠르고 쉽게 정확하게 받아 적을 수 있었던 것은 역시 한글이었습니다.

한글 자모를 조합하여 만들 수 있는 글자가 많다고 해서 모두 다 일상생활에서 쓰이는 건 아닙니다. 1만 1,172자 중에서 약 2,500자만 많이 쓰이고 있고, 나머지 글자들은 특별한 경우에만 쓰입니다. 그중 대표적인 글자가 바로 '뷁'입니다. '뷁'은 상대방에게 불편한 감정을 드러내면서 간단하게 외칠 수 있는 소리로 한동안 인터넷에서 유명했습니다. 이처럼 실제로는 쓰이지 않지만 경우에 따라서는 살아 있는 글자가 되기도 하는 것입니다.

많은 글자를 만들 수 있다고 해서 한글이 우수한 문자라고 주장할 수는 없습니다. 무엇보다 글자는 누구나 배우기 쉬워야 합니다. 우리 말과 글을 배우기 어렵다고 하는 사람들도 있는데, 그건 억지 주장에 불과합니다. 모든 말과 글자는 배우는 데 힘이 듭니다. 특히 외국인이 다른 나라의 말과 글자를 배우는 건 더더욱 어렵지요.

조승연이 쓴 『플루언트』(2016, 와이즈베리)를 읽다가 흥미로운 내용을 알게 됐습니다. 미국 외무부 교육기관^{FSI, Foreign Service Institute}에서는 미국 외무고시 합격자들이 외국 사람과 대화 가능한 수준으로 배우는 데 필요한 시간을 언어별로 분류해 놓았습니다. 그런데 미국인이 배우는 데 시간이 가장 많이 걸리는 언어로 한국어, 중국어, 일본어를 꼽고 있습니다.

레벨	시간	언어
1	600	프랑스어, 이탈리아어, 스페인어, 덴마크어
2	750	독일어
3	900	인도네시아어, 스와힐리어
4	1,100	그리스어, 러시아어, 베트남어, 슬로바키아어
5	2,200	한국어, 중국어, 일본어

미국인 입장에서는 한국어, 일본어, 중국어를 배우는 것이 무척 힘든 일일 것입니다. 한국 사람이 영어나 프랑스어를 배우기 힘들어하는 것과 같은 이치이지요. 언어는 본질적으로 각 언어 간의 언어적인 커그레이션(cognation, 언어의 동족 관계, 친족)의 유무에 따라 배우기 쉬운지, 어려운지가 결정됩니다. 우리와 역사적, 문화적, 언어적으로 교류가 많은 문화에 속한 언어일수록 배우기 쉽다는 의미지요.

최근 케이-컬쳐(K-Culture)가 세계적으로 유행하면서 한국에 대해 친근하게 생각하는 사람들이 늘고 한국 문화에 대한 관심이 높아지면서, 자연스럽게 한국어를 배우는 사람들이 늘어나고 있습니다. 이런 현실을 감안할 때 언어가 어렵다는 것은 문화적인 인지의 차이일 뿐 언어 자체가 어려운 것은 아니라는 사실을 확인할 수 있습니다.

한글 덕분에
5년 먼저 책을 읽을 수 있다

괜한 욕심이 아닙니다. 우리는 한글 덕분에 5년 먼저 책을 읽을 수 있습니다. 큰 축복입니다. 우리나라의 엄마들이 이런 사실을 잘 모르고 있는 것이 안타깝습니다. 아이들에게 무리한 방법으로 글자 공부를 시키라고 하는 게 아닙니다. 아이들이 좋아하는 방법, 쉽고 재미있는 방법, 자연스러운 방법으로 얼마든지 한글을 빨리 익히는 게 가능하다는 뜻입니다.

글자 읽기를 배운다는 것은 정말 어려운 일이지만 우리가 쓰고 있는 우리의 글자, 한글은 읽기가 매우 쉬운 글자입니다. 한글은 글자 그대로 소리를 낼 수 있는 문자입니다.

원어민 강사들에게 우리 글자가 어떤지 물었더니, "정말 쉽게 읽을 수 있다. 일주일도 안 됐는데 읽을 수 있다. 하지만 아직 뜻은 모른다."라고 하더군요. 그렇습니다. 원어민들의 대답이 맞습니다. 한글은 읽기가 쉽습니다. 그러나 읽을 수 있다고 해서 어휘, 문장의 뜻, 글 전체의 맥락을 알 수 있는 것은 아닙니다. 읽을 수 있는 것과 뜻을 안다는 것은 전혀 다른 일입니다.

아이들에게 책을 읽어 주면 아이들은 책에 있는 글자를 자연스럽게 보게 됩니다. 이런 기회가 잦을수록 아이들은 글자에 관심이 생기게 됩니다. 제 주변을 살펴보니 그 시기가 대략 2~3세 무렵이었습니다.

이 기회를 놓치지 말아야 합니다. 이 기회를 놓치면 글자 읽기에 관심이 멀어지면서 글자를 터득하게 되는 시기가 많이 늦어집니다. 저도 그 이유를 정확히 설명할 수는 없지만, 그런 경향이 있는 것은 맞습니다.

엄마들은 아이들이 학교에 입학하기 전 부랴부랴 한글 습득을 위한 유료 프로그램을 신청합니다. 아이들은 글자를 자연스럽게 경험할 기회를 갖지 못한 상태에서 속성 프로그램으로 글자 읽기를 배우게 됩니다. 이 프로그램을 통해서 속성으로 글자를 익히고 글자를 읽는 것은 가능합니다. 한글은 과학적으로 누구나 배우기 쉬운 글자 구조를 갖고 있기 때문입니다. 하지만 이때도 '읽는다고 해서 뜻을 알 수 있는 것은 아니다'라는 명제는 성립합니다. 일찍부터 책을 읽어 주는 소리를 많이 듣고, 이야기를 즐기고, 책과 친숙하게 지낸 아이와 그렇지 못한 상태에서 속성으로 글자를 익힌 아이는 문해력에 있어서 차이가 매우 큽니다.

어떤 유아교육 전문가들은 아이들이 일찍 글자를 읽는 것에 대해 경계하기도 합니다. 현재 유아교육 원론에도 아이들이 한글과 친해질 수 있는 내용으로 구성된 교육과정은 있지만 '글자 해독 과정'은 들어 있지 않습니다. 글자 자체를 익히는 과정이 유아교육 과정에 포함되지 않은 이유는 아이들의 자연스러운 발달을 방해할지 모른다는 걱정 때문입니다. 5~6세 무렵에 이르러서야 뇌에서 언어와 관련된 역할을 하는 두정엽의 한 부분인 각회角回가 발달하기 때문에 그 이후에 글자를 가르쳐야 한다는 주장입니다. 상당한 근거와 설득력이 있는 주장입니다.

하지만 이런 일반론에 지나치게 의존할 필요는 없습니다. 그리고 이러한 결과는 다른 나라의 언어 및 문자 습득에 관한 연구 결과일 뿐입니다. 일반론의 범주를 벗어나 특별한 발달을 보이는 아이들이 있을 수 있으며, 개별적인 아이들의 특성을 일반적인 범주에 억지로 맞출 필요는 없습니다.

2장

독서의 첫걸음, 책 읽어 주기

책 읽기의 시작,
어떻게 해야 할까?

읽는다는 것은
무엇인가?

우리는 '글을 읽다', '책을 읽다', '마음을 읽다' 등 일상생활에서 '읽다'
라는 말을 참 많이도 씁니다. 주변에는 읽을거리도 정말 다양합니다. 책,
텔레비전, 신문, 휴대전화, 인터넷, 사랑하는 사람의 마음 등.

'읽다'라는 말의 첫 번째 뜻은 "글자 모양에 해당하는 소리를 입으로
내는 행동"입니다. '밥'을 '밥'이라고, '코'를 '코'라고, 'you'를 '유'라고 소
리를 내는 것이 '읽는 것'입니다. 아주 단순한 것입니다.

'읽다'는 말의 두 번째 뜻은 '뜻을 아는 것'입니다. '뜻을 안다'는 것은
어려운 개념이 아닙니다. 읽고 있는 어휘와 문장의 뜻을 아는 것입니다.

나아가 '읽고 있는 문장, 단락, 책의 뜻을 안다'는 것입니다.

읽기는 했지만 뜻을 모른다면 진정한 읽기는 일어나지 않은 것입니다. 그냥 눈으로 '글자를 구경'만 셈입니다. 읽기가 일어난다는 것은 해당 글자의 소리를 낼 수 있고, 읽고 있는 어휘와 문장의 뜻을 안다는 것입니다. 만약 여러분의 자녀가 학년이 올라가는데도 불구하고 책을 읽지 않는다면 그건 '안 읽는 게 아니라 못 읽는 것'일 확률이 높습니다. 책 읽기를 싫어하는 것이 아니라 글자는 읽을 수 있으나 어휘와 문장의 뜻을 잘 몰라서 책을 못 읽는 것일 수 있다는 말입니다.

앞에서 설명한 것처럼 '글자 읽기'도 '소리 듣기'로 시작한다는 사실을 알게 되면 '책 읽어 주기'가 얼마나 소중한지 알게 됩니다. '책 읽어 주기'의 중요성은 수백 번 강조해도 지나치지 않을 정도로 중요합니다.

글자를 읽는 데는 시간과 노력이 필요합니다. 글자를 눈으로 보는 시간, 글자에 해당하는 소리를 듣는 시간, 글자를 눈으로 보며 동시에 글자에 해당하는 소리를 듣는 시간이 충분해야 합니다. 그래야 잘 읽을 수 있습니다.

책 읽기는
엄마 배 속부터 시작된다

엄마 배 속에 있는 아기는 약 5~6개월 무렵이 되면 밖에서 들려오는 소리와 엄마의 몸 울림을 통해 전해 오는 소리를 들을 수(느낄 수, 구분할 수) 있습니다. 어느 연구 결과에 의하면 태아는 소리가 들려오면(울려 오면, 느껴지면) 반응을 보였을 뿐만 아니라, 자음과 모음에 따라 보이는 반응이 달랐다고 합니다. 그러니 엄마 목소리로 책을 읽어 주는 일은 매우 중요합니다.

책을 읽어 주는 엄마의 목소리가 들리면 태아는 정서적인 안정감을 갖게 되어 편안한 상태로 성장을 지속할 수 있습니다. 그리고 엄마 목소리 속에 담겨 있는 미묘한 소리의 차이를 느끼면서 언어에 대한 감각을 키우게 되지요.

이렇게 책 읽어 주기로 시작된 책 읽기는 아이들의 몸과 마음에 결합됩니다. 화학적 결합이 되는 셈입니다. 책과 책 읽기가 아기의 정서 기억에 결합되고, 뇌에 자리 잡게 되며, 몸에 절차 기억으로 남게 하는 일, 그 시작은 바로 엄마 배 속에 있을 때부터 책을 읽어 주는 일입니다.

엄마 배 속에 있을 때부터 책을 읽어 주면 좋다는 것을 모르는 부모는 아마도 없을 것입니다. 태아의 정서 발달에 도움으로 주고, 앞으로 책을 좋아하는 아이로 키우기 위한 밑바탕이 된다는 사실을 알고 있으면서도 일상생활에서 실천하기는 쉽지 않지요. 하지만 믿고 실천하도록 노력해야 합니다. 그렇게 해서 책을 좋아하는 아이로 키운 사례들이 많으니 말입니다. 그냥 믿고 굳은 의지를 갖고 해 보면 손해 볼 일은 절대 없을 것입니다. 독서는 엄마의 배 속에서, 엄마의 품에서 시작됩니다.

이와 관련한 한 가지 실험이 있었습니다. 노스캐롤라이나대학의 앤서니 드캐스퍼Anthony Decasper와 동료들은 책 읽어 주기가 태아에게 미치는 영향을 실험하기 위해 임신부에게 출산 6주 전부터 하루에 두 번씩 책을 읽어 주라고 당부하였습니다. 그리고 아기가 태어난 뒤, 읽어 주지 않은 책과 읽어 준 책을 각각 읽어 주며 그 반응을 살펴보았습니다.

실험 결과 태아 시기에 읽어 주었던 책을 읽어 줄 때 아기는 엄마 젖을 더 힘차게 빨고 유쾌해한 반면, 읽어 주지 않은 책을 읽어 줄 때는 특별한 반응을 보이지 않았다고 합니다. 이 연구는 아기들이 엄마 배 속에 있을 때 책을 읽어 주면, 잘 듣고 즐긴다는 사실을 말해 주고 있습니다.

태아와 아기에게
가장 좋은 소리는?

태아와 아기에게 가장 좋은 소리는 무엇일까요? 이 질문에 답을 하기 위해서는 여러 가지 면을 고려해 봐야 합니다. 그중에서 정서적 발달과 지적 발달이라는 면을 살펴볼 필요가 있습니다.

정서적 발달을 고려하면 '따뜻하고 부드러운 엄마의 목소리'가 가장 좋은 소리입니다. 서로 사랑하고 아끼며 살아가는 가족들의 행복한 목소리나 웃음소리도 아기에게 좋은 영향을 줍니다. 이런 소리들은 언어 발달에 도움을 주고, 심리적 안정감을 주며, 그리고 가족의 소중함을 알게 해 주는 소리입니다.

잔잔하고 지적인 느낌이 충만한 모차르트 Wolfgang Amadeus Mozart 음악도 매우 좋은 소리로 알려져 있습니다. 모차르트 음악이 태교에 도움이 된다는 사실은 이미 상식이 되었지요. 모차르트 효과 Mozart Effect 라는 말까지 생길 정도로 붐이 일면서, 많은 임산부가 모차르트 음악을 듣거나 아기들에게 들려주었던 적도 있습니다. 이와 관련해서는 '시공간과 관련된 추리력 테스트에서 일시적인 효과만 있다'는 원래 연구 결과를 빼고 상업적으로 이용하려는 사람들이 만들어 낸 과장이라는 평가도 있습니다. 다만 모차르트 음악을 비롯한 많은 음악이 임산부에게 심리적인 안정감을 주어 태아나 아기에게 좋은 영향을 준다는 사실은 분명해 보입니다. 엄마가 좋아하는 음악을 자주 듣는 것은 엄마에게도 태아에게도 좋은 일입니다.

지적 발달에 도움이 되는 소리는 무엇일까요? 엄마 목소리를 들려주는 것은 태아나 아기에게 매우 좋은 활동입니다. 엄마들이 '주변 사물이나 상황을 엄마의 목소리로 말해 주는 활동'은 태교와 영유아 교육에서도 권장하고 있는 일이며, 언어 발달이나 지적인 성장에 큰 도움이 되는 일입니다.

"오늘은 엄마가 집에서 쉬고 있어. 너랑 함께 쉬면서 맛있는 음식을 먹을 거야."

"엄마가 노랑 옷을 입고 있는데 지금 계절과 잘 어울려."

"저 앞에 있는 그림이 클림트의 그림인데 엄마가 좋아하는 아주 좋아하는 그림이야."

"오늘 저녁 날씨가 추워졌어. 옷을 따뜻하게 입을 거야."

"너는 잘 지냈니? 엄마와 늘 함께 있지만 언제나 궁금해. 엄마 맘 알지?"

이처럼 엄마와 함께하는 일상생활을 말로 자세히 들려주듯이 하는 것입니다. 태아나 아기에게 자주 말을 걸어 주라는 것입니다. 마치 혼자 중얼거리면 약간 이상한 사람처럼 보여 오해를 받을 수도 있겠지만 태아나 아기를 위해서 좋은 일이니 기쁘게 감수해야겠습니다. 그런데 이러한 활동은 엄마들의 언어 능력이나 생활 문화, 학력, 직업 등에 따라 큰 차이를 보일 수 있습니다. 이를 보완할 수 있는 방법에는 무엇이 있을까요? 바로 '책 읽어 주기'입니다.

'책 읽어 주는 소리'야말로 가장 좋은 소리입니다. 책에는 작가가 고르고 골라서 써 놓은 정제된 언어(어휘)와 재미있게 잘 짜인 이야기, 그리고 아이들이 좋아할 만한 그림까지 담겨 있습니다. 엄마가 책을 읽어 주는 활동은 아이들의 지적 발달을 돕는 것으로 '대화'보다 더 좋은 효과를 얻을 수 있습니다. 거기다가 아이들을 책을 좋아하는 아이로 만드는 효과까지 거둘 수 있지요. 그러니 아이들에게 꼭 책을 읽어 주어야겠지요? '책 읽어 주는 소리'를 엄마 배 속부터 듣게 해 줘야 할 의무가 부모에게 있다고 생각합니다. 이는 학교의 선생님, 사회의 모든 어른도 마찬가지입니다.

아이들은 어떻게
말하고, 읽고, 쓰게 될까?

책 읽어 주기,
모국어를 습득하는 든든한 밑바탕

엄마가 책을 읽어 주는 활동은 아이들에게 정서적인 안정감을 주는 것은 물론, 아이들의 지적 성장을 도와줍니다. 특히 아이들이 모국어를 습득하는 데 든든한 밑바탕이 되지요. 그렇다면 아이들은 어떤 과정을 거쳐 모국어를 배우게 될까요?

저는 아이들을 가르치는 일을 하면서 독서 운동에 오랫동안 몸담고 있었기 때문에 아이들이 어떤 과정을 거쳐 모국어를 배우게 되는지에 관심이 많았습니다. 따라서 오랜 시간 동안 고민하고, 생각하고, 직접 눈으로 보면서 여러 가지 사실들을 알아냈지요. 하지만 학문을 연구하는 학자는 아니었기에, 이를 뒷받침해 줄 이론적 근거를 밝히지 못하는 것에 대해 늘 아쉬움이 있었습니다. 시원하게 밝혀 줄 수 있는 무언가가 필요했던 차에 최종근이 쓴『보카팟: 뇌에 팍 꽂히는 소리단어』(2011)이란 책을 만났습니다.

아이들은 어떻게 모국어를 배우게 될까?
- 모국어 습득의 4단계

『보카팟: 뇌에 팍 꽂히는 소리단어』에는 '모국어 습득의 4단계'에 대한 설명이 나와 있습니다. 소리 듣기와 읽기를 통해 어휘 발달과 모국어를 배우는 과정이 잘 설명되어 있지요. 아이들의 독서 발달에 관심이 많은 학부모들에게 도움이 될까 하여 그 내용을 소개하려고 합니다. 내 아이는 어떤 단계에 와 있는지 확인해 보는 척도로 삼는다면 도움이 될 것입니다.

[1단계] 유아 단계: 0~3세 → 소리 단어 익힘

1단계는 단어를 습득하는 단계로, 주로 이미지를 개념으로 범주화하기 쉬운 보통명사를 학습하고 기억합니다. 먼저 소리를 들으며 이미지를 보고, 이미지를 범주화시켜 개념을 만듭니다. 그다음엔 그것을 소리와 연결하여 단어로 기억합니다.

이 단계에서는 최소 200단어에서 최대 400단어 정도 습득합니다. 또 단어를 배열하여 문장을 만드는 규칙을 범주화하는 단계이기도 합니다. '밥', '나', '줘', '엄마', '배고프다'를 "나 배고파, 엄마 밥 줘."처럼 배열하는 규칙을 터득합니다.

[2단계] 유치원 단계: 4~6세 → 소리 문장 익힘

2단계는 유치원 단계로, 1단계(유아 단계)에 이어 단어를 계속 습득하는 단계입니다. 조금 더 복잡한 이미지들의 조합과 개념들을 지속적으로 습득해 가지만 일반적으로 아직 글자는 모르는 단계입니다. 엄마와 선생님이 읽어 주는 책을 통해 다양한 단어들을 이미지와 개념 그룹에 소리와 함께 연결해 나갑니다.

이미 소리를 정확하게 들을 수 있는 운동이 되었기 때문에 책을 읽어 주면 아이 나름대로 이미지와 개념을 소리 단어로 저장합니다.

이 단계에서 부모님이 소리 내어 책을 많이 읽어 준 아이와 그렇지 않은 아이가 구사하는 단어의 수에 차이가 생기기 시작합니다. 책을 읽어 주지 않은

경우를 기준으로 살펴보면, 초등학교에 입학하기 전에 아이들은 대체로 모국어 단어를 1,000~1,300개 정도를 알고 있는 것으로 파악됩니다.

또한 이 단계는 단어를 배열하여 문장을 만드는 규칙을 완전히 체득하는 단계입니다. 단문에 대해서는 완전한 운동 근육이 형성된다고 볼 수 있습니다. 만약 책을 많이 읽어 준 아이들의 경우에는 얼마만큼의 발달을 보일까 궁금합니다. 질적, 양적으로 비교할 수 없는 차이를 보일 것입니다.

[3단계] 초등학교 저학년 단계: 7~9세
→ 글자 단어 익힘, 글자-소리 관계 파악(파닉스)

3단계 역시 1, 2단계에 이어 단어를 계속 습득하는 단계입니다. 학교교육을 통해 다양한 단어를 습득하기 시작하는 단계입니다. '학교 공부가 곧 말 배우기'인 시기로 수학, 과학, 사회 등 과목에서 체계적인 이미지와 승화된 개념들을 배우기 시작합니다. 단어를 배열하는 규칙은 이미 뇌 속에 근육으로 만들어져 있습니다. 인간의 언어활동에 있어서 평생 끊임없이 지속적으로 습득하는 것은 새로운 문장이 아니라 새로운 단어입니다.

또 이 단계에서는 정규 교육을 통해 글자를 배우기 시작합니다. 자신이 내고 듣는 소리와 쓰는 글자의 음소 및 음가의 관계와 규칙을 깨닫습니다. 글자와 소리와의 관계를 파악하는 '파닉스'는 이 단계의 학습에 꼭 필요합니다. 이런 과정을 '사고적 운동학습'이라고 하는데, 소리와 글자의 관계를 이해하기 위해 생각하고, 생각한 규칙에 따라 소리를 내는 연습은 운동 과정에 해당합니다. 따라서 사고를 운동으로 바꾸는 부단한 연습이 필요합니다. 훈련을 통해 글자를 소리로 바꾸고, 그 소리를 다시 이미지와 개념으로 연결시키는 '글자-소리-이미지-개념'의 네트워크 연결 훈련도 병행하게 됩니다.

3단계를 지나면 혼자서 글자를 정확한 소리로 만들어 낼 수 있습니다. '혼자서 글자를 정확한 소리로 생성할 수 있다'는 말은 너무나 중요합니다. 지금까지는 다른 사람의 소리를 듣고, 그것을 기억했다가 소리를 주고받는 대화에서 사용했습니다. 그러나 이때부터는 스스로 소리를 정확하게 생성하여 그 소리를 자신의 뇌에 기억시킬 수 있게 됩니다. 다른 사람에게서 한 번도 들어 보지 않았던 새로운 단어의 소리도 글자를 보고 자신의 목소리로 자신의 뇌에 기억시킬 수 있고, 누가 그 단어 소리를 내면 뇌가 반응하여 쉽게 알아듣습니다.

학교 교육을 받은 사람이 학교 교육을 받지 않은 사람보다 구사하는 단어의 수가 많고, 학교 교육을 받은 사람 중

에서도 책을 많이 읽은 사람이 책을 적게 읽은 사람보다 구사하는 단어의 수가 훨씬 많게 되는 이유가 여기에 있습니다. 그 무엇보다 중요한 글자와 소리의 네트워크 동체는 이 단계에서 생성됩니다.

[4단계] 초등학교 고학년 단계 : 10~12세
→ 글자 문장 익힘, 글자 문장 해독 훈련, 소리-글자 네트워크 완성 훈련

4단계는 초등학교 고학년 단계로, 계속해서 단어를 습득하는 단계입니다. 학교 공부를 통해 지속적으로 단어의 영역과 깊이와 개수를 더해 갑니다. 스스로 책을 통하여 단어의 글자를 소리로 만들고 이미지와 개념을 연결시켜 나름대로 단어를 축적해 가는 단계입니다. 이 단계를 마친 학생들의 경우 별도의 책을 읽지 않고 학교 교육만을 받았다면 일반적인 단어 보유 수는 2,000~3,000개 정도 됩니다.

글을 읽는 것이 말하는 것과 같은 운동으로 자리를 잡아 가는 시기입니다. 이 단계를 부지런히 연습해야 사고적 운동학습이 운동적 운동학습으로 완전히 전환됩니다. 따라서 다양한 책을 소리 내어 읽는 운동을 해야 합니다. 모든 글 읽기는 소리를 암묵적으로 동반하여 이미지-개념 네트워크에 동체화됩니다. 그래서 글을 본다고 말하지 않고, 글을 읽는 다고 말하는 것입니다.

4단계에서는 글자를 운동 반응처럼 빠르게 소리로 생성해 내고, 반대로 소리를 글자로 정확하게 기록하는 능력을 소유하게 됩니다. 인쇄된 책 속의 무수한 단어들의 정확한 소리를 엄마가 읽어 주지 않아도 스스로 그 소리를 만들어서 뇌 속에 기억시킬 수 있게 되는 것입니다. 평생 책을 통해 정보를 획득하는 모든 습관이 이때 형성된다고 해도 과언이 아닙니다.

모든 학습의 중심이 듣고 배우던 상대에서 읽고 습득하는 상태로 전환되는 중요한 단계이므로, 이 단계를 잘 훈련해야 스스로 문자를 통해 정보와 지식을 획득하는 능력을 소유하게 됩니다.

3~4단계를 잘 훈련한 사람은 책이나 신문, 기타 활자 매체를 통하여 새로운 단어를 만나고, 이것을 자신의 단어 네트워크 동체에 추가하면서 단어 수를 지속적으로 늘려 나갑니다. 이 시기를 지나면 글자(읽기)를 통해 습득되는 단어의 수는 소리(듣기)를 통해 늘려 가는 단어의 수보다 급속하게 많아집니다.

모국어를 습득하는 과정은 이처럼 네 단계의 과정을 거치며 진행됩니다. 이것은 인간이 인위적으로 만들어 놓은 과정이 아닙니다. 생물학적으로 또 문화적으로 수천 년 동안 자연스럽게 만들어져 내려온 과정과 단계를 정리한 것에 불과합니다.

우리 교육의 문제점, 과연 무엇 때문에 생기는 것일까?

'모국어 습득의 4단계'를 어떻게 보셨나요? 놀랍지 않나요? 저는 정말 가뭄에 단비를 만난 것 같았습니다. 영어권 아이들에 대한 연구라는 사실이 좀 아쉽긴 하지만, 그래도 제가 이야기하고 싶었던 것을 체계적으로 잘 설명해 주고 있습니다.

여기에 저는 한 가지를 덧붙이고 싶습니다. 앞서 밝혔듯이 '모국어 습득의 4단계'는 '생물학적으로 문화적으로 수천 년 동안 자연스럽게 만들어져 내려온 과정이고 단계'입니다. 하지만 이런 결과와 과정은 책을 읽어 준 정도에 따라 달라지고, 쓰는 문자에 따라 달라질 수 있습니다. 만약 우리나라에서 엄마들이 일찍부터 사랑의 느낌을 담아 충분히 책을 읽어 준다면 그 결과는 크게 달라질 수 있습니다.

다음은 '모국어 습득의 4단계' 내용을 그래프로 표현한 것입니다.

$\int_{0세}^{초1} fdx = 1,000개$: 초등학교 입학 전 $\int_{0세}^{중3} fdx + \int_{초1}^{중3} gdx = 5,000개$: 중 3년

$\int_{0세}^{초6} fdx + \int_{초1}^{초6} gdx = 2,000개$: 초 6년 $\int_{0세}^{고3} fdx + \int_{초1}^{고3} gdx = 10,000개$: 고 3년

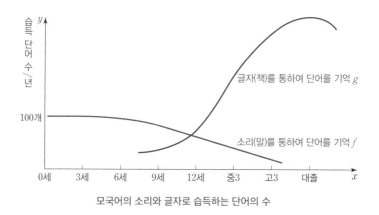

모국어의 소리와 글자로 습득하는 단어의 수

이 그래프를 통해 알 수 있는 현상이 무엇인지 살펴보고, 우리 교육의 문제점을 짚어 보려고 합니다.

첫째, 아이들은 태어나면서부터 소리 듣기를 통하여 단어를 습득(확장)해 나갑니다. 이 시기는 약 12세 무렵까지 지속됩니다. 12세까지 낭독과 책 읽어 주기는 매우 중요합니다. 그런데 실제로는 초등학교 입학 이전에 책을 읽어 주거나 책을 잘 읽도록 이끌어 주는 정도가 매우 미흡합니다.

둘째, 초등학교에 입학할 무렵부터 글자(책) 읽기를 시작하고, 12세 무렵부터 소리(말)를 통한 단어 기억보다 글자(책)를 통해 단어를 습득하는 것이 더 많아지기 시작합니다. 이 시기에 읽기의 모든 과정이 완성됩니다. 그런데 요즘 초등학생들을 보면, 가정이나 학교에서 책을 읽을 수 있도록 이끌어 주는 면이 매우 약합니다. 공부에만 집중할 뿐, 책 읽기는 충분하지 못합니다.

셋째, 글자(책)를 통해 단어 습득이 가장 많은 기간은 12~17세(중·고등학교 시기)입니다. 이 시기에 책을 많이 읽고, 꾸준히 읽어야 합니다. 아름다운 문장으로 가득한 이야기책, 잘 짜인 문장으로 이루어진 지적인 책을 꾸준히 읽어야 합니다. 하지만 책을 가장 많이 읽어야 하는 중·고등학교 시기에 우리나라 학생들은 공부에 치여서 책을 많이 읽지 못합니다.

이 세 가지 문제점 때문에 우리나라에서 심각한 교육 문제가 발생하고 있다 해도 지나친 말은 아닙니다. 읽지 않고, 읽지 못하기 때문에 이해력이 떨어지고, 독해력도 낮습니다. 더구나 우리나라는 시험 문제가 지나치게 어렵고, 좋은 대학에 가기 위한 학생들의 경쟁이 매우 치열해 시험 준비를 많이 해야 합니다. 그러니 책을 못 읽으면, 책을 잘 읽을 수 없으면 더더욱 많은 문제가 생기는 구조입니다.

해결책은 간단합니다. 책을 꾸준히 읽어 주고, 책을 잘 읽을 수 있도록 이끌어 주면 됩니다.

모국어 습득의 단계를
앞당길 수 있다면?

제가 앞서 내용과 관련해 강의를 하다가 새로운 사실을 알게 되었습니다. 우리 아이들 가운데 책을 읽을 수 있는 시기가 매우 빠른 아이들이 있습니다. 우리 나이로 하면 약 3세 무렵인 것 같습니다.

이것을 모국어 습득의 4단계와 연결해 보면, 3세 무렵에 읽기를 시작하면(1단계), 3~7세 무렵이 2단계에 해당하고, 초등학교에 입학하는 7세 무렵이 3단계에 해당하며, 초등학교 고학년 시기에 4단계에 들어서게 됩니다. 단어(어휘) 습득이 가장 활발하게 되는 4단계를 초등학교 고학년에서 맞이할 수 있게 된다면 더 바랄 것이 없게 됩니다.

그러면 원래 4단계에 해당하는 중·고교 시기에 학습에 전념할 수 있고, 풍부한 어휘력과 이해력, 독해력을 기반으로 더욱 쉽게 공부할 수 있게 됩니다. 틈틈이 책을 읽으며 학교생활을 하거나 공부를 할 수 있는 여유가 생기게 됩니다.

　아래는 이런 내용을 반영해 새로 만든 그래프입니다. 파란색 그래프에 주목하시기 바랍니다.

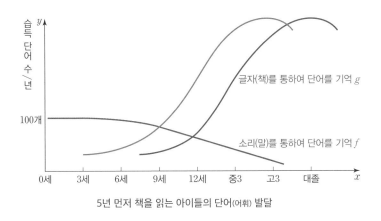

5년 먼저 책을 읽는 아이들의 단어(어휘) 발달

책을 읽어 주어야
잘 읽을 수 있다

존경하고 두려워하는 마음으로
책을 대하다

저는 강의를 할 때 빼먹지 않고 반드시 하는 순서가 있습니다. 바로 '책 읽어 주기'입니다. 먼저 제가 좋아하는 그림책『수호의 하얀 말』(2001)과『크라센의 읽기 혁명』(2013)을 번갈아 보여 주며 이런 질문을 던집니다.

"어떤 책을 읽어 주면 좋을까요?"

그러면 사람들 대다수는『수호의 하얀 말』을 읽어 달라고 합니다. "왜죠?"라고 물으면 "재미있을 것 같아서요."라고 대답합니다. 그러면 저는 이렇게 말합니다.

"책을 고를 때 그 기준으로 고르면 실패하지 않습니다. 공부에 도움이 될 것 같아서, 과학은 꼭 필요하니까, 인성교육에 도움이 될 것 같아서, 진로 교육에 도움이 될 것 같아서 등과 같이 어른 기준으로 책을 고르면 아이들은 좋아하지 않을 수 있습니다. 흥미가 떨어지면 좋은 의도는 빛이 바랩니다. 반드시 기억해야 할 원칙입니다."

그런 다음 스티븐 크라센이 쓴 『크라센의 읽기 혁명』을 펼쳐 '소리내어 책을 읽어 주면 책을 잘 읽게 된다'는 내용이 나오는 부분을 읽어 줍니다.

아주 어렸을 때부터 책을 읽어 주면 책을 좋아한다. 책을 좋아하는 아이들은 어렸을 때 반드시 책 읽어 준 것을 충분히 경험한 아이들이며, 책을 좋아하지 않는 아이들은 어렸을 때 부모들이 책을 읽어 주지 않았다는 연구 결과가 있다. 아이들은 선생님들이 읽어 준 책을 고르는 경향이 있다. 대학생들에게 1주일에 한 시간씩 책을 읽어 주었더니 다른 학생들보다 책을 더 많이 대출하여 읽었고, 기말 에세이 평가에서도 더 높은 점수를 받았다.

그런 후에 다시 다음 질문을 던집니다.

"책을 읽어 드렸는데 느낌이 어떠십니까? 좋으십니까? 혹시 기분이 나빠진 분은 없으십니까?"

이 질문에 대부분은 "좋아요."라고 대답합니다. 그러면 저는 다시 다음과 같이 말하고 첫 번째 질문을 마무리합니다.

"책을 읽어 주면 누구나 좋아합니다. 어른들도, 아이들도 좋아합니다. 그러니 아이들에게 책을 읽어 주어야 합니다. 아이들에게 의미 있는 행복한 시간을 늘려 주는 것은 매우 중요합니다."

저의 질문은 계속됩니다.

"방금 책의 일부분을 읽어 드렸는데, 나머지 부분이 궁금하지 않으십니까? 직접 읽어 보고 싶은 생각이 드시나요?"

이 질문에도 대부분은 "그래요."라고 대답합니다. 그러면 저는 다시 이렇게 묻습니다.

"책을 읽어 주면 아이들이 책을 읽어 보고 싶은 마음이 들까요?"

그러면 이번에도 대부분은 "그래요."라고 대답합니다. 그다음엔 다소 갑작스럽고 엉뚱한 질문 하나를 던집니다.

"여러분은 저를 더 믿으십니까? 아니면 지금 읽어 준 이 책을 더 믿으십니까?"

이 질문에는 서로 눈치를 보며 다소 엇갈린 대답을 내놓다가 "책을 더 믿어요."라는 쪽으로 청중의 의견이 모입니다. 예상한 반응입니다. 그러면 제가 또 묻습니다.

"저는 공식적으로 초청받아서 온 사람이고, 지금 학교에 근무하고 있으며, 이제까지의 강의를 들어 보시면 거짓말하거나 속이는 말을 한 것도 아닙니다. 좋은 말만 계속했는데, 왜 저보다 오늘 처음 본 이 책을 더 믿으실까요?"

이 질문에 청중은 대부분 어이없다는 표정을 짓습니다. 제가 장난기 섞인 말투로 다시 물으면 실실 웃기만 하고 대답을 피합니다.

저는 답을 알고 있습니다. 사람들이 책을 대하는 마음을 알고 있지요. 저는 책을 대하는 마음을 경외敬畏라는 말로 표현합니다. 존경하는 마음과 두려워하는 마음이 동시에 드는 것을 경외라고 합니다. 그러니까 '책은 읽으면 나에게 좋은 일이 생길 것 같은 존경심이 드는 존재이고, 읽지 않으면 내가 바보가 될 것 같은 두려움을 주는 존재'라는 뜻입니다. 더 나아가 '나는 책을 읽지 않는데 다른 사람들만 읽으면, 다른 사람들이 나를 압도할 것 같은 두려움조차 느끼게 하는 존재'라는 뜻이지요.

오래전부터 책을 잘 읽는 사람들이 이 세상을 이끌어 왔으며, 잘사는 사람들일수록 책을 더 잘 활용한다는 사실을 오랜 경험을 통해 알고 있습니다. 사람들 대다수는 책을 읽어야 한다는 사실을 알고 있습니다. 하지만 누구나 쉽게 책을 읽을 수 있는 것은 아닙니다. 부모님이 어렸을 때부터 꾸준하게 이끌어 줘야 가능한 일입니다. 오랜 시간 동안 준비하고, 노력해야 가능한 일입니다. 그게 부모님과 선생님의 의무입니다.

아이들이 책을
읽지 않는 이유는 무엇일까?

그렇다면 아이들이 책을 읽으려 하지 않는 이유는 무엇일까요? 마음이 움직이는 힘을 동기動機라고 합니다. 무슨 일이든 그 일을 하는 동기가 있게 마련입니다.

동기의 종류에는 '접근 동기'와 '회피 동기'가 있습니다. 좋아하기 때문에 하게 되는 것을 '접근 동기'라고 하고, 혼나거나 벌 받는 것을 피하려고 어떤 일을 하는 것을 '회피 동기'라고 합니다. 당연히 회피 동기보다는 접근 동기가 생겨야 무슨 일이든 즐겁게 할 수 있습니다. 좋아하면 지속할 수 있는 힘이 생기고, 깊이 파고드는 힘이 생깁니다. 안타깝게도 우리 부모님들은 회피 동기를 활용하여 공부를 시키거나 책을 읽게 하려는 경향이 있습니다.

접근 동기가 생기는 방법은 의외로 간단합니다. 흥미를 기르면 됩니다. 아이가 흥미가 생겨 무엇인가에 몰두할 때, 그 몰입하는 모습이나 노력하는 모습을 인정하거나 지지하거나 응원하면 됩니다. 물론 시간이 오래 걸리고, 힘이 들 수도 있습니다. 하지만 꼭 그렇게 해야 합니다.

우리나라 아이들이 책을 안 읽는 이유도 여기서 찾을 수 있습니다. 어렸을 때부터 서서히 몸에 배도록 책을 읽어 주거나 책을 가지고 노는 등의 활동을 계속해야 접근 동기가 생기는데, 학교에 들어간 후 또는 중학년 이상이 된 뒤에야 억지로 책 읽기를 시키기 때문에 아이들이 책을 잘 읽지 않는 것입니다. 어릴 때부터 책을 읽어 주어 독서에 대한 흥미를 높여 주었다면 결코 이런 일은 벌어지지 않았을 것입니다. 어릴 때부터 책을 읽어 주면 독서 흥미가 높아지고, 책을 좋아하는, 책을 읽고 싶어 하는 마음인 접근 동기가 저절로 생기게 됩니다.

'함께 보기'를 활용하는 가장 좋은 방법, 책 읽어 주기

책을 좋아하고, 책을 읽고 싶어 하는 마음인 접근 동기가 생기기까지는 많은 시간이 걸립니다. 그 사이 엄마, 아빠들은 포기하지 않고, 끊임없이 아이들에게 책을 읽어 주어야 하지요. 그런데 책을 읽어 주면 아이들이 책을 좋아하는 것 외에 다른 효과도 얻을 수 있습니다. 지금부터 어릴 때부터 책을 읽어 주면 어떤 면에서 도움이 되는지 알아보도록 하겠습니다.

유인원(오랑우탄 등)의 지적인 능력은 매우 높다고 합니다. 인간만큼은 아니지만 도구를 이용하거나 해결책을 찾아내어 상황을 극복하는 능력은 그 발달 정도가 상당한 모양입니다. 그런데 유인원과 인간이 가장 큰 차이를 보이는 것이 하나 있습니다. 그것이 바로 '함께 보기'라는 행동 특성입니다.

'함께 보기'란 아기와 엄마가 한가지 방향이나 사물을 함께 보는 것,

즉 시선을 공유하는 것입니다. 인간의 아이들은 엄마가 손가락으로 가리키는 것이나 바라보는 것을 볼 수 있는 데 반해 유인원은 그런 능력이 없습니다. 바로 이 '함께 보기'가 인간 사회화의 시작이고, 배움의 시작인 것입니다.

인간의 아기는 태어난 이후 엄마의 절대적인 영향 속에 자라납니다. 엄마에 의해서 사회화가 시작되는 것입니다. 사실 사회화되기 이전의 인간은 본능에 의해 움직이고 살아가는 동물일 뿐입니다.

아기는 태어나면서 엄마에게 무언의 동의와 응원을 받으면서 상호 작용하는 가운데 감정도 나누고, 말도 배우고, 글자도 배우고, 여러 가지 사회적 기술을 배웁니다. 아기들은 새로운 것을 접하면 엄마의 눈을 보며 마치 허락을 받듯이 행동합니다. "해도 돼?"라고 묻는 것처럼 말입니다. 아기들은 '삼각관계 기술'을 통해 삶을 배우고 자라나는데, 이러한 '삼각관계 기술'이나 '함께 보기'와 같은 상호작용을 가장 많이 활용하는 것이 바로 '책 읽어 주기'입니다.

제가 이 책에서 가장 중요하게 이야기하는 것은 '책 읽어 주기'에 관한 것입니다. 책 읽어 주기에 대한 이해를 넓히고자 하는 것입니다. 그래서 책 읽어 주기가 소리 듣기, 언어 발달, 책 읽기 등에 큰 영향을 미친다는 사실을 중심으로 설명했습니다. 그런데 아기들이 유인원과 다른 삶을 살 수 있게 하는 '함께 보기'를 활용하는 가장 좋은 방법이 '책 읽어 주기'라는 사실을 알게 되면 어떤 엄마, 아빠가 소홀히 할까요? 저는 이런 사실을 많은 엄마, 아빠들에게 꼭 알려 주고 싶습니다.

책 읽어 주기,
책과 인간의 영향력이 함께 전해지는 순간

책을 읽어 주면 얻을 수 있는 또 다른 효과는 책의 영향력과 읽어 주는 사람의 영향력을 아이에게 모두 전달할 수 있다는 점입니다. 책을 읽어 주기 위해서는 세 가지 요소가 존재해야 합니다. 책 읽어 주는 사람(엄마, 선생님 등), 듣는 사람(아이, 학생), 그리고 책이 있어야 하지요. 책 읽어 주기가 동화 구연과 가장 크게 구별되는 것이 읽어 주는 사람과 듣는 사람 사이에 책이 있다는 것입니다.

동화 구연은 아이들이 매우 좋아하는 활동이지만 책을 가지고 활동하지는 않습니다. 구연동화를 하는 사람이 이야기를 익혀서(외워서) 약간의 동작과 목소리 연기를 보태서 아이들에게 들려 주는 방식으로 진행됩니다. 반면에 책 읽어 주기는 책을 아이들에게 보여 주며 그 내용을 읽어 주는 방식으로 이루어지지요.

책 읽어 주기는 아이들에게 책의 의미와 영향력을 직접 전해 주며 이야기를 즐길 수 있도록 하는 활동입니다. 책 읽어 주기 활동에서는 책과 아이들이 주인공이고, 읽어 주는

사람이 보조 수단인 셈입니다. 책 읽어 주기의 궁극적인 목표는 책을 아이들 곁에 남겨 주려는 활동이며, 책을 읽어 주는 사람이 없더라도 아이들이 책을 곁에 두고 즐길 수 있도록 이끌어 주는 활동입니다.

책 읽어 주기가 중요한 이유는 많지만 '책의 영향력과 읽어 주는 사람의 영향력을 한꺼번에 전해 주는 활동'이라는 면을 주목해야 합니다. 아이들에게 영향력이 가장 센 사람은, 가정에서는 엄마이고 학교에서는 담임선생님입니다. 엄마와 담임선생님이 아이들에게 미치는 영향력은 매우 강력합니다. 물론 아빠, 할머니, 할아버지의 영향력도 작지 않습니다. 할 수만 있다면 언니나 형, 누나, 오빠들도 좋습니다. 다만 책을 읽어 주는 사람의 성숙도나 영향력, 그리고 아이들과의 관계에 따라 조금 달리 나타날 뿐입니다.

'책을 읽어라', '책은 좋은 것이다', '책을 읽는 것은 중요한 일이다' 등과 같은 설명이나 강요는 필요 없습니다. 원래 힘이 센 책을 엄마나 선생님이 읽어 주면 되는 것입니다. 책을 읽어 주는 순간은 많은 기적이 일어나는 순간이 됩니다.

책을 읽어 줄 때는
마음가짐이 중요하다

책을 읽어 주는 것만큼이나 책을 읽어 주는 사람들의 마음도 매우 중요합니다. 마음가짐에 따라 행동이 달라지기 때문입니다. 책을 읽어 주는 마음으로 가장 적합한 마음은 '사랑'이라는 말로 표현할 수 있습니다. 너무나도 흔하고 좋은 말이어서 식상한가요? 엄마들이 책을 읽어 주는 상황을 예로 설명해 보겠습니다.

부모님들이 책을 읽어 줄 때는 두 가지 마음이 존재할 것이라 생각합니다. 하나는 인류의 위대한 유산인 책을 좋아하게 하고, 이야기의 재미를 아이들에게 전해 주고 싶은 마음입니다. 또 하나는 아이들을 똑똑하게 만들고 싶은 마음이지요. 이 두 가지는 섞여 있기도 하고, 중요도가 순간순간 바뀌기도 합니다. 하지만 이 같은 마음 상태에 따라 부모님의 행동은 달라지게 마련입니다. 이 부분에 저는 주목합니다.

사랑 없이 아이들을 똑똑하게 만들고자 하는 마음이 앞선 채 책을 읽어 주려는 부모님의 행동은 다릅니다. 그런 부모님들은 의욕을 앞세워 서두르는 경향이 있으며, 질보다는 양을 강조하곤 합니다. '오늘 몇 권을 읽어 줘야 한다', '일주일에 스무 권은 읽어 줘야 한다' 같은 생각을 하는 것입니다.

이런 생각을 하는 엄마들은 아이들의 마음 상태나 상황은 고려하지 않은 채 정해진 시간에 정해진 양을 반드시 읽어 줘야 한다는 강박에 가까운 생각을 합니다. 책을 읽어 주는 과정에서도 순간순간 일어나는 아이들의 변화나 욕구를 존중해 주기보다는 책을 끝까지 읽어 줘야 한다고만 생각하지요. 이처럼 목표 지향적인 마음이 크기 때문에 아이들의 욕구를 가볍게 무시하곤 합니다.

이 과정에서 아이들은 즐겁지 않습니다. 기쁘지 않습니다. 행복하지 않습니다. 아이들에게 아무리 유익하더라도 행복하지 않으면 의미가 작아집니다. 지속력이 떨어집니다.

"아이들이 기쁘고 행복하고 즐거워야 합니다."

제가 이렇게 설명하면 사람들의 표정이 달라집니다. 무언가 알았다는 듯이 고개를 끄덕이기도 합니다. 하지만 그분들의 행동이 얼마나 바뀔지는 아무도 모릅니다.

욕심을 갖고 책을 읽어 주면 사고가 일어납니다. '책은 재미있는 것이 아니구나', '책 읽어 주기는 재미없구나', '엄마가 나에게 해 주는 것은 재미없어', '엄마랑 뭘 하는 것은 너무 무서워', '책을 읽어 줄 때 나는 꼼짝할 수가 없어', '나는 피하고 싶어' 등과 같은 느낌이나 생각을 갖게 되

는 것입니다. 아이들이 이런 생각이나 느낌을 받는다면, 그 활동은 의미 없는 활동이라 할 수 있습니다.

'산수(수학)를 가르치다 보면 산수를 잘하게 도와주는 것이 아니라 산수를 싫어하게 만드는 경우도 많다'는 오래된 얘기가 있습니다. 부모들이 모든 것을 잘할 수는 없겠지만 마음가짐은 정리해야 합니다. 아이들이 행복한 가운데 책을 읽어 주어야 의미가 있습니다.

오래전 어떤 분과 독서와 관련한 대화를 나눈 적이 있었습니다.

"저는 책을 좋아해요. 아이들이 어렸을 때 책을 꾸준히 읽어 줬어요. 책을 읽어 주는 게 매우 행복했어요."

제가 물었습니다.

"왜 아이들에게 책을 읽어 주셨어요?"

그분은 한참을 곰곰이 생각해 보더니 조용히 웃으며 대답했습니다.

"사랑스럽잖아요."

아주 평범하지만 좋은 대답이었습니다. 그분의 대답은 계속 이어졌습니다.

"내 아이를 사랑하니까, 내가 좋아하는 것처럼 책을 아이들에게도 즐기게 해 주고 싶은데, 아이들은 아직 글자를 읽지 못하니까 내가 읽어 주는 방법밖에는 없잖아요. 그래서 책을 읽어 줬어요."

그분의 대답에서 제가 듣고 싶은 얘기, 제가 하고 싶은 얘기를 다 들을 수 있었습니다. '아이를 사랑하는 마음, 책의 재미를 전해 주고 싶은 마음', 이런 마음이 책을 읽어 주는 사람들의 마음가짐입니다. '내 아이를 다른 아이들보다 똑똑하게 키워야지', '글자를 일찍 읽을 수 있도록 키워야지', '천재로 키워야지'처럼 엄마 욕심이 앞서게 되면 조급해지고, 목표 지향적이 되게 마련입니다. 좋은 느낌이나 재미를 전해 주기보다 양을 채우려고 노력하게 됩니다. 마음가짐이 행동으로 나타나게 되는 것입니다. 읽어 주는 행동은 위대하지만 더 중요한 것은 '마음가짐'입니다. 마음이 전부입니다.

책은 누가
읽어 주는 게 좋을까?

읽어 주는 사람의 몫이 커지면
아이들의 몫이 작아진다

"동화 구연과 책 읽어 주기의 차이점이 뭔가요?"

제가 강의를 할 때 자주 받는 질문 중 하나입니다. 앞에서 설명했기 때문에 다른 부분은 생략하고 한 가지만 더 이야기하면 '사람의 역할' 또는 '몫의 크기'를 들 수 있습니다. 단순히 생각하면, 부모가 아이들에게 책을 읽어 줄 때 동화를 구연하듯이 다소 과장된 표정과 몸짓, 목소리로 이야기의 극적인 효과를 강조하여 전달한다고 여기기 쉽습니다. 하지만 책 읽어 주기는 동화 구연과는 다릅니다.

저는 책 읽어 주기를 표현할 때 '밥맛'에 비유합니다. 우리가 거의 매일 먹는 밥의 맛은 덤덤하고 심심합니다. 아주 달거나, 맵거나, 쓰거나, 시지 않습니다. 극단적인 맛이 아닙니다. 극단적인 맛이 아니니까 매일 먹을 수 있습니다. 만약 밥의 맛이 강하다면 매일 먹을 수 있을까요? 책을 읽어 줄 때는 '밥맛'을 늘 기억해야 합니다. '혹시 내가 책을 읽어 주는 것이 너무 강하지는 않을까?', '내 역할이 너무 큰 게 아닐까?' 같은 내용을 늘 스스로 점검하여야 합니다.

'읽어 주는 사람의 역할이 커지면 듣는 아이들의 몫이 작아진다'는 말을 기억해야 합니다. 책을 읽어 주는 순간에 가장 중요한 것은 아이들입니다. 아이들이 1순위입니다. 아이들을 위해 책을 읽어 주는 것입니다. 그다음 2순위가 책입니다. 1순위인 아이들을 위해 2순위인 책을 읽어 주는(이야기를 들려 주면서 책의 재미를 느끼게 해 주는) 것입니다. 그런데

3순위인 책을 읽어 주는 사람이 북 치고 장구 치고 요란을 떤다면 아이들과 책의 몫은 작아집니다.

책을 읽어 주는 순간에 아이들은 편안하고 행복한 상태가 되어야 하고, 그 상태에서 책에 담긴 이야기의 재미를 느낄 수 있어야 합니다. 나머지는 아이들의 느낌이나 상상으로 채울 수 있습니다. 느낌이나 상상으로 채워야 하는데 책을 읽어 주는 사람이 마치 모든 것을 다 떠먹여 주려는 듯한 마음으로 책을 읽어 준다면 1순위인 아이들의 몫이 줄어들게 됩니다. 결과적으로는 영양가 없고 자극적인 음식을 먹이는 것처럼 될 수 있습니다.

아이들을 사랑하는 마음으로 조용하고 덤덤하며 밝은 목소리로 좋은 책을 골라서 읽어 주는 일을 꾸준히 하면 됩니다. 그게 아이들을 위해 할 수 있는 가장 좋은 일입니다.

책은 누가
읽어 주는 것이 좋을까?

"책은 엄마가 읽어 주는 게 더 좋은가요, 아빠가 읽어 주는 게 더 좋은가요?"

이런 질문도 종종 받곤 합니다. 태아에게 책을 읽어 주는 장치가 시중에 상품으로 나온 적이 있습니다. 그 장치에 대고 아빠가 책을 읽어 주는 모습의 사진을 홍보에 이용하고 있었습니다. 그러면서 '아빠가 책을 읽어 주면 더 좋다'고 설명합니다. 맞습니다. 아빠가 책을 읽어 주면 효과가 더 좋은 면이 있습니다. 2016년 4월《조선일보》에서 이와 관련된 기사를 다루기도 했습니다.

요지는 이러했습니다. 2015년 미국 하버드대학 연구팀은 미국 저소득층 가정 가운데 약 430가구를 골라서 '아빠가 책을 읽어 주는 가정'과 '엄마가 책을 읽어 주는 가정'으로 나누어 책 읽어 주기와 이해력, 어휘력, 인지 발달 간의 상관관계를 조사했습니다. 그 결과 '책 읽어 주기' 효과는 아빠 쪽이 높았다고 합니다.

연구팀은 그 이유를 아빠와 엄마는 '책 읽어 주기 방식' 차이에서 찾았습니다. 가령 엄마는 아이한테 책을 읽어 주면서 '사과가 몇 개 보이니?' 같은 '사실적 질문'에 집중했지만, 아빠들은 '오, 이 사다리 좀 봐. 너 지난번에 내 트럭에 있었던 사다리 기억나니?'처럼 아이 뇌를 자극하는 질문을 던졌다는 것입니다.

이 기사는 아빠가 책을 읽어 주는 것이 아이에게 어떤 효과가 있는지에 잘 보여 주고 있습니다. 그런데 저는 이 기사를 보면서 한 가지 의문을 가졌습니다. "아빠'만' 읽어 주는 것이냐, 아빠'도' 읽어 주냐 것이냐"에 대한 이야기가 빠져 있었기 때문입니다. 이 두 가지의 차이는 매우 중요한 일인데, 기사의 내용에서는 확인할 수 없습니다.

기사에서 소개한 연구는 엄마만 있는 가정과 아빠만 있는 가정을 비교한 것이 아닙니다. 그러므로 아빠가 책을 읽어 줄 정도로 육아에 관심이 있는 가정에서 엄마는 아무 역할을 하지 않았을 리는 없습니다. 아빠가 육아에 참여하면 활동 범위나 내용, 접근 방식이 엄마와는 다르기 때문에, 엄마의 육아 방식과 상호 보완적으로 작용하여 아이에게 좋은 영향을 미칠 가능성이 큽니다. 그러니 엄마의 질 좋은 양육이 바탕에 깔린 상태에서 아빠의 책 읽어 주기가 더해졌다면 책 읽어 주기의 효과는 더욱 커졌을 것입니다.

다시 처음 질문으로 돌아가겠습니다.

"누가 책을 읽어 주는 것이 좋을까요?"

제 대답은 '할 수 있는 사람이 하면 된다'입니다. 정말 한 사람만 콕 집어 이야기해야 된다면, 아무리 그래도 가장 적합한 사람은 엄마입니다. 아기에게 엄마는 절대적인 존재입니다. 배 속에서뿐 아니라 젖을 먹일 때나 잠을 재울 때나, 그 모든 순간을 함께할 수 있으므로 엄마는 자연스럽게 책을 읽어 줄 수 있습니다. 그다음이 아빠입니다. 아빠가 주기적으로 할 수 있는 마음과 여건이 된다면 아빠도 매우 좋습니다. 아빠가 아니더라도 가족 내에서 일정 시간을 아기들과 함께 지낼 수 있는 사람이면 좋습니다. 예를 들어 낮에 아이들을 돌봐 주는 할머니 할아버지도 매우 적합한 분들입니다. 아기에게 사랑을 담아 책을 읽어 줄 수 있는 사람이라면 누구나 도움이 됩니다.

책 읽어 주기를 늦게 시작할 때
반드시 기억해야 할 것들

초등학교 학부모를 대상으로 강의를 할 때 자주 겪는 일입니다. 강의를 시작한 지 한 시간 정도가 흐르면 학부모들의 탄식과 후회가 얽힌 표정을 여기저기서 볼 수 있습니다. '어떻게 하지?' 하고 고민하는 표정입니다. 저도 안타까운 마음으로 '늦었다고 생각되더라도 작은 것부터 시작하면 된다'고 이야기합니다. 위로의 뜻도 있지만 실제로 효과가 있으니 지금이라도 시작하면 된다고 말하지요. 그리고 책을 읽어 줄 때는 다음을 꼭 기억하라고 당부합니다.

❶ 반성해야 합니다

'부모인 내가 부족해서(책 읽어 주기에 대해 잘 알고 있지 못해서) 사랑하는 내 아이들에게 책 읽어 주기를 제대로 해 주지 못했으니 아이들에게 미안하다'는 마음을 가져야 합니다.

❷ 고백하고 사과해야 합니다

엄마들은 조급한 마음이 들면 서둘러 행동으로 옮기려고 합니다. 당장 집에 가서 아이들을 불러 앉히고 책을 읽어 주려 하기도 하지요. 엄마의 이런 행동은 아이들을 당황하게 만듭니다. 그래서 아이들은 엄마가 학교의 학부모 대상 특강에 가는 것을 걱정합니다. 특강에 다녀오면 자기들이 할 일이 하나씩 늘어난다고 합니다. 그래서 고백부터 하라는 것입니다.

"엄마가 너에게 어렸을 때부터 책을 좀 더 많이 읽어 줬어야 했어. 엄마가 부족했어. 미안해."

이렇게 마음을 표현해야 합니다. 그래야만 아이들이 엄마의 마음을 알 수 있습니다.

❸ 계획을 얘기해 주고 동의를 얻어야 합니다

"지금이라도 너한테 책을 읽어 주려고 해. 네 생각은 어떤지, 나중에 이야기해 줄래?"

책 읽어 주기에 대한 계획을 먼저 말해 주고, 어느 정도 생각할 시간

과 기회를 줘야 합니다. 그런 다음에 아이의 동의를 얻어야 합니다. 아이도 마음의 준비가 필요하니까요.

❹ 준비를 하고 시작해야 합니다

읽어 주는 방법에 대하여 어느 정도 공부를 해야 합니다. 꼭 해야 하는 것, 하지 말아야 할 것, 책 고르는 방법 등에 관해 기본적인 공부는 할 필요가 있습니다.

책 읽어 주기가 아무리 재주나 기술 없이 할 수 있는 일이라고 해도 어느 정도의 사전 준비는 필요합니다. 그리고 아빠나 가족 등 주변 사람들에게 책 읽어 주려는 계획을 알리는 것도 필요합니다. 주변의 동의와 지지는 지속력을 갖는 데 도움이 됩니다.

❺ 시작했으면 꾸준히 해야 합니다

시작했으면 꾸준히 책을 읽어 주어야 합니다. 조급한 마음, 다급한 마음을 앞세워 갑작스럽게 무엇을 시작해 놓고, 오래 가지 않아 시들해지는 실패를 경계하여야 합니다. 이런 일들이 반복되면 아이들도 실패를 학습하게 되고, 엄마를 믿지 않게 됩니다. 아이들이 스스로 책을 좋아하고 즐겨 읽는 수준에 오를 때까지 꾸준히 해야 합니다.

좋아하는 것을 잘하고,
잘하는 것을 더 좋아하게 된다

'책을 좋아하게 만들어서 읽게 해야 하는가? 읽게 만들어서 좋아하게 해야 하는가?'

어떻게 하든 책을 잘 읽고 좋아하게 만들기 위해서는 이 두 가지 방법을 학년과 독서 흥미 발달에 따라 적절하게 활용해야 합니다.

'좋아하게 만들어서 읽게 해야 한다'는 것은 책 읽기를 좋아하고 잘하게 만들기 위해선 가장 중요한 원칙입니다. 좋아하게 만드는 것은 매우 중요합니다. 어렸을 때부터 좋아하게 만들려고 노력해야 합니다. 좋아해야 지속력이 생기기 때문이지요. 마음에서 우러나야 지속할 수 있습니다. 이것을 내적 동기 또는 접근 동기라고 합니다. 저학년이든, 고학년이든 독서의 흥미를 높이기 위한 노력은 계속 필요합니다.

하지만 고학년의 경우에는 반대로 시도할 필요도 있습니다. 책을 읽게 해서 책이 재미있고 유익하다는 사실을 알게 하는 방법을 쓰는 것입니다. 음식을 먹어 보니까 맛을 알게 되고, 운동을 억지로라도 해 보니 운동의 재미를 느끼고, 책을 읽다 보니 책이 좋아지는 원리를 적용해 보는 것입니다.

운동을 예로 들어 설명해 보겠습니다. 운동을 싫어하거나 잘하지 못하는 아이들에게 운동의 흥미를 높여 주려는 노력은 중요합니다. 그 방법 가운데 하나가 쉽고 재미있는 운동을 꾸준히 시키는 것이지요. 그러면 운동 기능이 점차 발달하고 잘하게 되면서, 시키지 않아도 스스로 운동을 하게 됩니다.

책 읽기도 마찬가지입니다. 책을 읽게 해서, 책 자체에 흥미를 느끼도록 해 주는 것이지요. 이러한 노력의 일환으로 각 학교에서는 아침 독서를 진행하거나 학급에 있는 책 돌려 읽기 등 여러 가지 방법을 시도하고 있지요. 그 밖에 지방자치단체에서는 한 도시 한 책 읽기, 한 도서관 한 책 읽기 등 아이들에게 책을 읽히기 위한 많은 방법을 모색하고 있습니다. 일단 해 보는 것이고, 함께 해 보는 것입니다. 이를 통해 아이들이 책을 읽는 재미와 의미를 느낄 수 있게 하려는 많은 사람의 노력이 반영된 활동입니다.

외국의 경우를 살펴보면, 미국 대학에서 입학 성적 전국 1위를 차지했던 토머스제퍼슨 고등학교는 OR^Outside Reading이라는 독서 프로그램으로 유명합니다. 매주 한 권씩 책을 읽고 독후감을 제출하는 매우 간단한 프로그램입니다. 이를 통해 토머스제퍼슨 고등학교는 학생들에게 책을 읽게 하고, 책을 읽은 느낌과 생각을 정리하게 합니다. 모든 학생이 의무적으로 참여해야 하는 이 활동을 학생들은 매우 중요하게 생각하지요. 그리고 유대인은 아이들에게 책을 읽어 주는 것을 중요하게 생각하여 하브루타라는 독특한 토론 교육 방법을 만들었습니다. 이를 통해 독서, 토론, 학습을 이끌어 주고, 고등학교를 졸업할 때까지 1만 권의 책을 읽도록 이끌어 준다고 합니다. 독서를 통해 얻은 지식과 지혜는 없어지는 게 아니라는 믿음으로 독서에 힘쓰는 유대인들, 그들이 막강한 영향력을 가지고 살아가고 있는 모습에서 배워야 할 게 많습니다.

여기서 한 가지 덧붙이고 싶은 이야기가 있습니다. 앞서 토머스제퍼슨 고등학교처럼 책을 읽고 독후감을 쓰게 하는 방법에는 장단점이 있습니다. 독후감을 쓰는 것은 매우 좋은 활동입니다. 하지만 독후감 쓰기는 매우 어려운 일이기도 합니다. 따라서 독후감 쓰기는 독서의 흥미를 떨어뜨릴 가능성이 있으므로 그 시기나 내용, 방법을 잘 선택하고 결정해야 합니다. 저학년 때는 섣불리 시도하지 말아야 하며, 고학년이라 하더라도 안정적인 독서 발달을 보이는 아이들만 선택적으로 하는 것이 중요합니다. 아무리 좋은 약이라도 어떻게 쓰느냐에 따라 독이 되기도 하고, 약이 되기도 합니다. 어떻게 읽었는지 확인하는 것도 중요하지만, 그보다는 읽게 만드는 것이 먼저라는 의미입니다.

욱여넣을 것인가,
읽을 마음을 남길 것인가?

질문을 하나 해 보겠습니다. 아이들에게 '지금 읽고 있는 책이 중요'할까요, '앞으로 읽을 책이 중요'할까요? 또 '지금 읽어 주고 있는 책이 중요'할까요, 아니면 '앞으로 읽어 줄 책이 중요'할까요?

지금부터 독서의 균형감에 대한 이야기를 하려고 합니다. 이는 책을 읽어 줄 때 어떤 마음을 가져야 하는지에 대한 문제와 관련이 있습니다.

'읽고 있는 책의 내용을 다 알아야 한다'고 생각하거나, '읽어 주는 책의 내용을 다 알도록 만들겠다'는 마음은 바람직하지 않습니다.

책 읽어 주기를 예로 들어 살펴보겠습니다. 책을 읽어 주는 사람이 그 책에 담긴 의미와 재미를 전해 주려는 마음은 매우 좋습니다. 하지만 이런 마음이 지나치게 커지면 균형감을 잃을 수도 있습니다. 마치 교과서를 공부하는 것처럼 내용을 빠짐없이 알아야 하는데, 거기에 느낌도 말할 줄 알고, 상상력을 발휘하여 이야기를 즐기기까지 해야 한다면, 아이들 입장에서는 부담스러운 일이 아닐 수 없습니다. 아이들은 이런 의도가 담긴 행동을 금세 알아차리고 오히려 반대로 움직입니다. 책에서 더 멀어지고, 책 읽어 주는 것을 반기지 않지요. 공부하는 것과 비슷한 활동에 흥미를 느끼지 못하는 것입니다. 그럼 어떻게 해야 할까요? 그 해답은 바로 '균형감'에 있습니다.

지금 읽어 주고 있는 책보다 더 중요한 것은 앞으로 읽어 줄 책들입니다. 읽어 주고 있는 책이 한 권이라면 앞으로 읽어 줄 책은 수백, 수천, 수만 권입니다. 현재 읽어 줄 책에 집착하다 보면 앞으로 읽어 줄 책, 또는 책 읽어 주기 활동에 대해 흥미를 잃어버릴 수가 있습니다. 책을 읽어 줄 때는 아이들이 책 읽어 주기 활동에 흥미를 잃지 않도록 균형감을 갖추어야 합니다.

책을 스스로 읽게 할 때도 마찬가지입니다. 책을 읽고 나서 내용이나 느낌에 대해 지나치게 캐물어선 안 됩니다. 그냥 현재 상태를 인정해 줄 수 있는 가벼운 대화나 지지, 그리고 책을 읽은 것에 대한 기쁨 정도만 표현해 주면 됩니다. 아이의 입장에서 내용이나 느낌을 말하는 게 부담이 되면 독서에 대한 흥미가 떨어져 아예 책을 읽지 않으려고 할 가능성이 큽니다.

지금 읽고 있는 책보다 더 중요한 책은 앞으로 읽을 책입니다. 앞으로 책을 읽을 마음, 즉 독서에 대한 흥미를 남겨 놓는 일이 더 우선입니다. 책을 읽어 줄 때, 책 읽고 있는 아이들을 대할 때 염두에 둬야 할 마음가짐입니다.

'책 읽는 뇌'의 비밀

사람의 마음을 움직이는
이야기의 힘

이야기는 힘이 셉니다. 이야기는 사람의 마음을 움직일 수 있을 정도로 힘이 셉니다. 이야기가 어떻게 마음을 움직일 수 있을까요?

어떤 것을 이야기 형식으로 말하거나 이야기로 만들어 내는 것을 스토리텔링storytelling이라고 합니다. 우리말로 바꾸면 '이야기하기'가 되지만, 이보다 훨씬 광범위하게 쓰입니다. 가장 많이 쓰이는 곳이 광고 시장입니다. 다른 사람의 마음을 움직여 상품을 팔아야 하기 때문에, 상품에 이야기를 결합하는 스토리텔링 기법을 많이 씁니다.

예를 들면 광고 기법이 발달하기 전에는 상품을 광고할 때 상품의 특징, 차별성, 성분, 효과 등의 상품 관련 정보를 소비자들에게 자세히 알리는 방식을 주로 사용했습니다. 그러다가 언젠가부터 상품에 이야기를 더해서 소비자들에게 다가가려는 경향이 강해졌습니다. 상품을 이야기와 결합시키면 사람들의 더 큰 관심을 끌 수 있게 되어 매출로 이어진다는 사실을 알게 된 것입니다.

또 다른 예도 있습니다. 1990년대 초반 일본 아오모리현에서는 엄청난 태풍이 불어, 수확을 앞둔 사과의 대부분이 떨어지는 일이 벌어졌습니다. 마을 사람들은 크게 낙심을 했지요. 이때 한 청년에 아이디어를 냈습니다. 아직 떨어지지 않은 사과를 '태풍에도 떨어지지 않은 사과, 합격 사과'라고 이름 붙여, '이 사과를 먹으면, 태풍에도 떨어지지 않은 이 사과처럼 대학 입시에 딱 붙을 것입니다'라는 이야기를 부여해 팔기 시작한 것이지요. 그러자 이 사과는 일반 사과의 10배가 넘는 가격에 팔려나갔고, 그 덕에 마을 사람들은 큰돈을 벌었다고 합니다.

한편 2004년에는 『별주부전』의 지역적인 배경을 두고 충남 태안군과 경남 사천시가 다투기도 했습니다. 『별주부전』을 알고 있는 사람들이 여행지를 선택할 때, 이야기의 배경이 되는 도시를 선택할 가능성이 높기 때문이지요. 두 곳이 경쟁한 결과 사천시의 비토섬이 선택되었고, 비토섬에는 별주부전 테마파크 등이 조성되었습니다.

이렇듯 이야기가 우리 마음을 움직이는 이유는 뇌의 특성에 기반합니다. 우리 뇌는 이야기의 모든 내용을 그대로 믿습니다. 이야기의 내용을 사실로 인식해, 주인공들의 삶을 현실로 받아들입니다. 모든 게 사실이 아닌 상상이라는 점을 잘 알고 있지만, 마치 그런 사람과 사건이 어딘가에 실제로 존재하는 것처럼 느낀다는 말입니다.

한 가지 더 중요한 사실은 이야기를 읽을 때는 심리적으로 경계, 거부, 저항의 기제가 작동하지 않습니다. 재미있게 읽고 즐기는 사이에 자신도 모르게 마음이 움직입니다. 이와 달리 설교나 훈화 식으로 '이렇게 해야 한다, 저렇게 해야 한다'고 강요하듯이 알려 주면 이내 거부감이 생깁니다. 강요하지 않고, 압박하지 않는 이야기의 내용이 마음을 움직이게 되는 것입니다.

바보스러운 면과 특별한 면을 모두 지닌
특별한 바보, 뇌

뇌의 능력은 놀랍습니다. 약 1,000억 개의 뇌세포를 가진 뇌는 헤아릴 수 없이 많은 정보를 동시에 처리하는 능력을 지니고 있습니다. 또 수많은 책의 분량을 외울 수 있는 저장 능력을 지니고 있기도 하지요. 하지만 바보스러운 면도 많습니다. 뇌는 바보스러운 면과 특별한 면을 동시에 지닌 그야말로 '특별한 바보'입니다. 그런데 왜 뇌를 '특별한 바보'라고 부르는 것일까요?

첫째, 뇌는 가짜와 진짜를 구분하지 못합니다. 이와 관련된 흥미로운 심리학 실험을 하나 소개하겠습니다. 실험에서는 참가자들을 두 그룹으

로 나누고 한 그룹(A)은 연필을 가로로 물게 하고, 다른 그룹(B)은 연필을 세워서 한쪽 끝을 입술로 물게 했습니다. 그랬더니 A 그룹은 웃는 것처럼 입꼬리가 올라가고, B 그룹은 화가 난 것처럼 입을 쭉 내밀게 되었지요. 그 상태에서 만화를 보게 했더니 A 그룹 사람들이 만화를 더 재미있다고 생각했다는 것입니다. 웃는 표정을 짓고 만화를 본 결과, 더욱 재미있게 느껴졌다는 것입니다.

연필을 가로로 물어 입꼬리가 올라가면(웃는 것처럼 입 모양이 되면), 뇌는 웃는다고 여기고 기쁜 것과 관련된 호르몬을 분비합니다. 그러면 몸은 더욱 기쁜 쪽으로 반응하게 되지요. 반대로 연필 끝을 입술로 물어 입을 쭉 내밀게 되면(화가 났을 때처럼 입 모양이 되면), 뇌는 화가 났다고 여기고 기분 나쁜 것과 관련된 호르몬을 분비합니다. 그러면 몸은 화가 난 것처럼 반응하게 됩니다.

이러한 이론을 안면 피드백 효과facial feedback effect라고 합니다. 즉 '특정한 얼굴 표정이 그 표정과 관련된 정서를 유발시킨다'는 것이지요. 학자들의 설명에 따르면 대뇌의 감정 중추는 표정을 담당하는 행동 중추와 인접해 있으면서 서로 영향을 주고받습니다. 따라서 얼굴 표정의 정보가 뇌에 전달되어 정서 반응을 이끌어 낸다는 것이지요. 이처럼 우리 뇌는 진짜와 가짜를 구분하는 능력이 상당히 떨어지는 것으로 알려져 있습니다.

둘째, 뇌는 이야기 속의 진짜와 가짜, 허구와 사실도 구분하지 못합니다. 이야기 속의 슬픈 상황은 진짜가 아니고 사실도 아닙니다. 그저 지어낸 이야기이며, 만들어진 이야기일 따름입니다. 그러나 이야기를 읽는 동안 사람들은 그 상황이 진짜라고 생각하며 주인공과 함께 슬퍼합니다. 이야기 속의 상황이 가짜라는 사실을 뻔히 알면서도 함께 슬퍼하는 것이지요. 주인공의 상황이나 이야기가 마치 현실인 양, 나의 일인 양 느끼는 것입니다.

이것은 사람의 공감 능력과도 관련이 있습니다. 특히 부모나 주변 사람의 사랑과 공감을 많이 받아 본 사람이 이야기 속 등장인물의 상황에 더욱 크게 공감한다고 합니다. 엄마의 눈길과 손길, 표정과 말을 통해 상대방의 감정이나 주장에 공감하는 법을 배우고 익혔기 때문이지요. 그러한 능력이 이야기를 읽을 때 발휘되고, 이야기를 읽으면서 더욱 발달하게 되는 것입니다.

셋째, 재미있는 것만 좋아하는 뇌는 지독한 개구쟁이 같습니다. 그저 재미있는 것만 쫓아다닙니다. 그러다 보니 중독되기 쉽습니다. '뇌는 재미있게 즐기고 있는데 다른 것들은 문제가 생기는 것'입니다. 이걸 중독이라고 합니다. 알코올중독에 빠지면 술을 마실 때 뇌는 굉장히 행복하지만, 다른 신체 장기에는 큰 문제가 생기는 것처럼 말입니다.

뇌의 이런 세 가지 특성을 잘 살려서 만든 것이 '이야기'입니다. 나의 이야기도 아니고, 진짜 이야기도 아닌데 사람들은 재미가 있으니까 계속 읽습니다. 또 읽다 보니 내 마음에 '울림'이 생깁니다. 다른 말로 '공감, 감동'이라고 할 수 있겠지요. 재미있어서 읽다 보니 나에게 좋은 영향이 있다는 뜻입니다. 책의 내용에 따라 나쁜 영향도 받을 수 있지 않냐고 걱정하는 분들도 있습니다. 기본적으로 사람은 '좋은 것을 선호하는 속성, 착한 것을 따르고 싶어 하는 속성'이 있기 때문에, 아주 특별한 경우를 제외하면 책을 읽으면서 좋은 영향을 더 많이 받게 됩니다.

디지털 미디어로 글 읽기, 종이책 읽기와 무엇이 다를까?

그런데 요즘에는 종이책의 인기가 예전 같지 않습니다. 디지털 기기를 이용해 웹소설을 읽거나 필요한 자료를 찾아보는 아이들도 흔히 찾아볼 수 있습니다. 종이책보다는 손쉽게 검색과 구매가 가능하기 때문

이지요. 그러면 디지털 기기로 책을 볼 때 사람들은 어떤 특성을 보일까요? 종이책을 읽을 때와 같을까요?

종이책을 읽을 때와 디지털 기기로 글을 읽을 때, 사람들은 너무나 다른 특성을 보입니다. 사람들은 인쇄된 종이 대신 디지털 화면상의 글을 읽을 때는 문서를 재빨리 훑는 스캐닝scanning을 합니다. 디지털 화면을 보는 사람들의 시선을 카메라로 따라가 보니 10초 이하의 시간 안에 페이지 아래까지 재빨리 훑기 위해 알파벳 'F' 자 모양으로 읽는다고 합니다. 맨 위에 있는 1~3문장만 끝까지 살펴본 후, 중간까지 훑어보다가 중반부 한두 문장을 읽고, 나머지는 읽지 않는다는 것이지요. 종이책을 볼 때는 문장을 꼼꼼히 읽는 사람도 디지털 화면을 볼 때는 빨리 읽기 위해 페이지 왼쪽에만 시선이 머물게 됩니다.

덴마크의 전산학자 제이컵 닐슨Jakob Nielsen 박사는 이런 현상을 'F 자형 읽기'라고 부릅니다. 그는 연구 결과를 바탕으로, '디지털 매체로 100단어를 읽을 때 평균적으로 4.4초 만에 읽는데, 아무리 뛰어난 사람도 4.4초 만에 읽을 수 있는 단어 수는 18개 정도에 불과하기에 사실상 거의 글을 읽지 않는 것'이라고 밝혔습니다. 읽는 것처럼 보이지만 실제로는 읽지 않는다는 것입니다. 눈으로 보기만 할 뿐, 그 내용이 거기에 있다는 사실을 확인만 할 뿐이라는 것이지요.

종이책의 미래,
과연 어떻게 될까?

요즘 종이책을 멀리하고 디지털 기기를 가까이하는 아이들을 보면서, 종이책의 미래에 대해 걱정하는 목소리가 높습니다. '종이책이 없어지는 게 아니냐'고 생각하는 사람들도 많이 늘고 있지요. 하지만 이는 위험한 착각입니다. 종이책을 읽을 때와 디지털 화면을 볼 때, 우리 뇌가 어떻게 반응하는지를 보면 그 답을 찾을 수 있습니다.

종이책을 읽을 때의 뇌는 기쁨, 즐거움, 편안함과 관련된 중추가 활성화되고, 디지털 화면의 글을 읽을 때는 긴장, 불안, 초조와 관련된 뇌의 중추가 활성화됩니다. 긴장, 불안, 초조 상태로 계속 읽기를 하는 것은 좋지 않습니다. 특히 어렸을 때는 더욱 좋지 않지요. 더구나 '기쁘게,

재미있게, 편안하게 읽을 때 가장 좋은 언어 발달이 일어난다'는 사실을 생각하면 종이책을 읽어야 하는 이유가 더 분명해집니다. 디지털 매체는 종이책을 대체할 수 없습니다.

종이책은 장점이 많습니다. 실체가 있는 물건으로, 손으로 만지면 촉감을 느낄 수 있습니다. 또한 구체적인 실물이어서 가질 수 있습니다. 책 전체를 훑듯이 읽어 볼 수 있습니다. 어려운 책을 앞뒤로 왔다갔다 하면서 읽을 수 있어서 깊이 읽기에 적합합니다. 물론 디지털 매체(전자책)에도 장점이 있습니다. 휴대하기 좋아서 틈틈이 독서를 하는 데 편리합니다. 단어, 문장을 검색하기가 쉽습니다.

종이책만 읽고 전자책은 이용하지 말라는 의미가 아닙니다. 두 매체가 지닌 특성을 적절히 활용하면 됩니다. 하지만 깊이 생각할 부분이 있습니다. '뭐가 먼저인가' 하는 문제입니다. 당연한 이야기지만 종이책이

먼저입니다. 종이책으로 책 읽기를 익숙하고, 친숙하게 하는 일이 먼저입니다. 그래서 책을 좋아하고, 잘 읽게 된 뒤에 전자책을 상황에 따라 활용하면 됩니다.

'책 읽는 뇌'의
미래

지금까지 책을 읽을 때 우리 뇌가 어떻게 작용하는지 살펴보았습니다. 터프츠대학 아동발달학과 교수인 매리언 울프는 이와 관련해『책 읽는 뇌』,『다시, 책으로』라는 두 책을 통해 의미심장한 이야기를 하고 있습니다.

2007년, 매리언 울프는『책 읽는 뇌』라는 책을 세상에 내놓았습니다. 이 책은 인간이 책(문자)을 읽기 위해 거쳐 온 과정을 매우 전문적이고, 학술적으로 설명합니다. 좀 어려운 내용이지만, 한번 정리해 보도록 하겠습니다.

인간은 원초적인 뇌(척수, 파충류의 뇌, 생존의 뇌), 감정의 뇌(변연계, 척추동물의 뇌, 감정의 뇌), 인간의 뇌(대뇌 피질, 생각의 뇌)를 모두 가지고 있습니다. 우리가 알고 있는 쭈글쭈글한 뇌의 모습이 대뇌 피질입니다. 대뇌 피질은 인간만이 가지고 있어서 '인간의 뇌'라고 합니다. 동물들도 뇌를 가지고 있지만 인간의 그것과는 질적으로 차이가 큽니다. 동물은 언어를 사용하지 못하고, 도구도 쓰지 못하며, 기억력도 사람에 비해 좋지 않습니다. 더구나 실제 존재하지 않는 내용을 상상하거나 글자를 읽는 일은 꿈도 꾸지 못합니다. 이런 일들을 할 수 있는 유일한 뇌가 바로 인간의 뇌입니다.

하지만 인간의 뇌도 처음부터 이렇게 좋았던 것은 아닙니다. 오랜 시간에 걸쳐 차츰 발전하여 지금처럼 훌륭한 뇌가 되었습니다. 그 과정에서 다른 동물에 비해 뇌 크기도 매우 커졌습니다. 이렇게 훌륭한 뇌를 가질 수 있게 된 인간은 다른 동물보다 월등한 삶을 살 수 있게 되었고, 상상하는 힘을 이용하여 미래를 준비할 수도 있게 되었습니다. 눈부신 물질문명의 발달을 이루어 냈고, 비교할 수도 없는 정신문명의 향상을 이룰 수 있었습니다. 특히 '문자의 발명과 사용'은 인간의 뇌를 가장 크게 변화시킨 사건이라고 할 수 있습니다.

그런데 2019년, 매리언 울프는 『다시, 책으로』라는 책을 출간했습니다. 『책 읽는 뇌』를 쓴 지 12년이 지난 뒤의 일이었지요. 『책 읽는 뇌』에서 울프는 다음과 같이 말했습니다.

인간은 읽는 능력을 타고나지 않았으며, 문해력은 호모사피엔스의 가장 중요한 후천적 성취 가운데 하나임을 강조해 왔다. 특히 깊이 있는 읽기는 독자가 문장에 담긴 감정을 느낄 수 있게 해 주고, 타인의 관점으로 옮겨가게 도와주며, 유추와 추론을 통한 비판적 사고를 가능하게 하는 중요한 능력이다.

하지만 매리언 울프는 책이 나온 그 시점부터 큰 충격과 고민에 빠지게 되었습니다. 책을 내놓고 보니 텔레비전, PC 모니터, 영화 스크린, 빔 프로젝터 스크린, 그리고 스마트폰까지 세상이 온통 영상매체로 뒤덮여 있다는 사실을 알게 된 것입니다. 인간은 그토록 열망하던 '문자 읽기'를 위해 오랫동안 노력하여 뇌의 신경 중추를 발달시켜 왔는데, 불과 몇십 년 만에 '문자 읽기 능력'을 잃어버릴지도 모르는 상황에 놓였다는 뜻입니다. 이에 울프는 심각한 위기감을 느꼈습니다. 그런 마음으로 내놓은 책이 『다시, 책으로』입니다. 뇌의 고향인 '읽기'로 돌아오라는 뜻입니다. 이 책에서 울프는 "우리 뇌의 읽기 회로가 망가지고 있다. 사용하라, 그러지 않으면 잃게 될 것이다."라고 경고하고 있습니다.

사람들은 아주 자연스럽게 물질문명의 변화에 적응하며 받아들입

니다. 그리고 삶에 도움이 되도록 편리하게 사용하지요. 영상매체도 마찬가지입니다. 텔레비전도 그렇고, 컴퓨터 모니터, 스마트폰도 그렇습니다. 세상에 나온 편리한 문명의 이기利器를 쓸 뿐입니다. 하지만 이러한 결정과 행동들이 인류의 뇌, 인류의 미래에 어떤 영향을 줄지 생각해 봐야 합니다. 특히 어린아이를 둔 부모는 더욱 그렇습니다.

『독서, 사람을 키우는 힘』(2006)의 저자 김성혜 교수는 자신의 책에서 "미국 중산층 부모는 3세 이전에 영상매체를 보여 주지 않는 것을 제1의 육아 원칙으로 삼고 있으며, 그리고 그 시기에 책 읽어 주기를 비롯한 책과 친해질 수 있는 여러 활동을 꾸준히 하고 있다."라고 말하고 있습니다. 많은 사람이 착각하는 것이 있습니다. '영상매체를 쓰는 것은 세계적인 추세여서 어쩔 수 없다. 특히 스마트폰은 아이들과 소통을 위해서 꼭 필요하다'라는 주장입니다. 하지만 그렇지 않습니다. 영상매체의 확산이 세계적인 추세인 것은 맞지만, 외국의 경우 부모들이 자녀에게 어렸을 때부터 영상매체를 무분별하게 보여 주는 일은 많지 않습니다. 우리나라 아이들은 대부분 스마트폰을 갖고 있지만, 외국 아이들은 그렇지 않습니다. 영상매체로 인한 폐해를 잘 알고 있기 때문입니다.

『다시, 책으로』에서 매리언 울프는 매우 중요한 제안을 하고 있습니다. 그는 말합니다. 세상의 변화를 거스르기 어려운 것은 맞지만, 이 현상에 대해 대처하는 우리의 마음가짐과 방법을 바르게 정할 필요가 있다고 말입니다.

그는 영상매체와 책 읽기의 관계를 이중 언어 교육Bilingual Education 상황으로 설명합니다. 이중 언어 교육은 '모국어와 또 다른 외국어를 함께 잘 쓸 수 있도록 하는 교육'입니다. 모국어(엄마가 쓰는 말, 가족이 쓰는 말)를 바탕으로 하고, 그 위에 사회에서 쓰는 말이 자리 잡을 수 있도록 하는 것이지요. 이런 상황을 책 읽기와 영상매체에 대입해 보면 됩니다. 종이책으로 시작하고, 종이책으로 다지며, 종이책을 좋아하게 만드는 것이 먼저이고, 그다음 필요에 따라 영상매체, 전자책을 볼 수 있거나 활용할 수 있게 하여야 한다는 뜻입니다. 매리언 울프는 그 시기를 '생후 처음 5년은 종이책, 그 뒤 5년은 종이책을 우선으로 하고, 필요에 따라 영상매체나 전자책을 활용하게 하라'고 조언하고 있습니다.

결국 종이책이 먼저입니다. 처음 5년은 철저하게 종이책을 읽어 주고, 종이책을 읽게 하고, 종이책을 좋아하게 만든 것이 중요합니다. 5년이라는 시간은 인간이 문자를 잘 활용하는 데 필요한 시간이라고 앞에서 설명한 바 있습니다. 그 첫 5년을 종이책으로 시작하라는 권고입니다. 매리언 울프의 말을 귀담아들을 필요가 있습니다.

3장

초등
독서의 힘

책 읽는 방법에는
어떤 것이 있을까?

책 읽기는
하루아침에 이루어지지 않는다

글자를 읽는 것은 선천적으로 타고나는 것이 아닙니다. 오랜 시간 동안 훈련과 노력과 연습을 통해서 얻을 수 있는 후천적인 기능입니다. 이에 비해 '걷기'는 선천적입니다. 걷기에 필요한 조건과 어느 정도의 성장만 뒷받침되면 걸을 수 있습니다.

하지만 선천적이라는 걷기도 하루아침에 이루어지지 않습니다. 매우 오랜 시간 동안 고개 들기, 엎치기, 배밀이, 기어 다니기, 잡고 일어서기, 잡고 걷기, 몇 발짝 걷기 등 여러 단계를 거쳐야 비로소 걸을 수 있게 됩니다. 걷게 되더라도 능숙하게 걷거나 뛸 수 있으려면 상당한 시간이 필요합니다.

　이 상황을 글자 읽기(책 읽기)에 비교하면 이해하기 쉽습니다. 선천적인 기능인 '걷기'조차 이렇게 많은 단계와 과정을 거쳐 발달한다면, 후천적인 두뇌 기능인 '읽기'는 더 많은 연습과 노력이 있어야 한다는 사실을 깨달아야 합니다.

　우리나라 부모님들이 읽기 훈련을 일찍부터 하지 않다가 읽기가 필요해지는 초등학교 입학 무렵에 부랴부랴 책 읽기에 관심을 보이지만 생각대로 잘 안 되는 이유가 여기에 있습니다. '때가 되면 읽겠지'라는 안이한 생각 때문에 시기를 놓치고 마는 것입니다. 읽기는 엄마 뱃속에서부터 시작된다는 사실을 알아야 합니다.

　과학자들은 우리의 뇌에는 문자 읽기를 담당하는 특정 중추가 없다는 사실을 밝혀냈습니다. 브로카 영역, 베르니케 영역, 각회, 해마, 시각중추, 청각중추 등의 여러 기능을 담당하는 뇌 부위들을 총동원하여야 글자를 읽을 수 있습니다. 뇌가 생겨날

때는 문자가 없었기 때문에 우리 뇌에는 문자 읽기를 담당하는 특정 중추가 없지만, 문자를 발명하여 쓰게 되면서 원래 없던 문자 읽기 기능을 갖게 되었다는 것입니다. 이는 문자 읽기가 후천적인 기능이라는 사실을 증명해 줍니다.

독서는
계단 오르기와 같다

읽는 것이 후천적인 능력인 만큼, 인간이 잘 읽기 위해서는 무척 많은 연습이 필요합니다. 우리는 흔히 '마음만 먹으면 언제든 잘할 수 있다'는 말을 합니다. 하지만 이는 오해입니다. 물론 마음을 먹으면 잘할 수 있습니다. 굳은 의지를 갖고 피나는 노력을 하면 못 할 것도 없습니다. 굳게 마음을 먹고 '하루 한 권 책 읽기'를 꾸준히 실천한 내용을 책으로 써서 유명해진 분도 있습니다.

하지만 이는 정말 힘든 일입니다. 아무나 할 수 있는 일이 아닙니다. 두껍고 글자도 많으며 내용도 어려운 책은 한 장을 읽어 내기도 힘듭니다. 그러니 이를 지속하기란 더 힘든 일입니다.

그래서 저는 독서를 계단 오르기에 비유하여 설명합니다. 가장 아래 계단을 밟고 올라서야 그다음 계단을 오를 수 있습니다. 차례차례 밟고 올라서야 더 높은 곳으로 올라갈 수 있습니다. 지금 읽은 어휘가 내일 책을 읽을 때 쓰이며, 그런 어휘들이 쌓이고 쌓여 수준 높은 독서가 일어날 수 있습니다.

태아 시절 엄마의 목소리로 시작한 책 읽기는 부모의 '책 읽어 주기' 활동으로 확장됩니다. 그리고 혼자 읽기를 거쳐 어느덧 누구보다 책을 잘 읽는 독서의 고수가 되는 것입니다. 장대높이뛰기처럼 한꺼번에, 하루아침에 되는 일이 아닙니다.

미루어 짐작하는 능력,
유추의 힘

아이들이 책 읽기의 고수가 되는 과정에서, 곧 어휘가 확장되는 과정에서 중요한 역할을 하는 것이 '유추'입니다. 유추란 '미루어 짐작하여 알고자 하는 인간의 뇌 기능'입니다. 아이들은 책을 읽는 과정에서 뜻을 모르는 낱말이 섞여 있는 문장을 만나게 됩니다. 이때 사전을 찾아보거나 어른들에게 묻는 경우도 있지만, 대부분 '아마 이런 뜻일 것'이라고 짐작하고는 계속 읽어 나갑니다. 이 부분이 중요합니다. 모르는 부분이 어느 정도 있더라도 계속해서 읽어 나가면 몰랐던 어휘와 문장의 뜻을 알게 되는 때가 옵니다. 맥락을 통해서 알게 되는 것이지요. 그러니 계속해서 읽는 힘이 중요합니다. 이러한 과정을 되풀이하면서 언어 능력과 독서 능력이 향상되는 것입니다.

어린아이들이 읽는 그림책에서는 그림이 이러한 '유추'를 돕습니다. 글로 설명할 수 없는 부분을 그림이 대신해 주면서, 아이들이 전체 내용을 파악하여 책을 즐길 수 있게 도와줍니다. 이러한 과정을 되풀이하다 보면, 글로만 이루어진 책을 읽을 때도 그림이 있을 때보다 훨씬 더 상상력을 발휘할 수 있게 됩니다.

지금도 간혹 학교에서는 국어 시간에 새 단원이 시작되면 새로 나온 낱말을 조사하도록 합니다. 특히 국어사전을 사용해 뜻을 찾아보도록 하지요. 이 활동은 아이들에게 단어의 뜻을 익히고, 사전 활용법을 배우도록 하는 데 의의가 있습니다. 하지만 이 과정은 '새로운 낱말을 익히려면 사전을 찾아서 뜻을 알고 익혀야 한다'는 오해를 불러오곤 합니다.

우리가 익혀서 쓰는 어휘 가운데 사전을 찾아서 그 뜻을 알게 된 어휘는 그렇게 많지 않습니다. 들어서 알거나 읽어서 알게 된 어휘들이 합쳐져 우리의 언어 능력을 구성하게 됩니다. 그중에서도 읽기를 통해 얻은 어휘가 상당량을 차지합니다. 세계적인 언어학자인 스티븐 크라센은 그의 책 『크라센의 읽기 혁명』에서 "읽기는 언어 학습의 최상의 방법이 아니다. 그것은 유일한 방법이다."라고 말하고 있습니다.

독서법 ❶ – 묵독과 음독이란?

강의를 다니다 보면 "어떤 독서법이 올바른 것인가요?"라는 질문을 많이 받습니다. 흔히 독서법은 발성에 따라 묵독·음독·낭독, 속도에 따라 정독·속독, 도서 선정에 따라 편독·남독 등으로 구분하곤 합니다. 그런데 이러한 독서법은 하나하나 떼어 놓고 생각할 수 없습니다. 그 이유를 알아보도록 하겠습니다.

먼저 발성에 따른 독서법 가운데 가장 중요한 묵독默讀에 대해서 살펴보겠습니다. 독서를 하는 인간이 가질 수 있는 멋진 능력이 있습니다. 바로 묵독입니다. '소리 내지 않고 읽기'로 설명하면 될까요? 보통 초보 독서가들은 소리 내어 읽기인 음독音讀을 하는 데 비해 묵독은 숙련된 독서가들이 할 수 있는 일입니다. 독서 능력의 발달은 묵독 능력의 발달이라 해도 지나친 말이 아닙니다. 묵독을 할 수 있어야 책을 빨리 많이 정확하게 읽을 수 있습니다.

정독精讀 제대로 읽기, 다독多讀 많이 읽기, 속독速讀 빠르게 읽기 묵독 등의 용어는, 개념상으로는 구분되지만 놀랍게도 책을 잘 읽는 아이들에게는 한꺼번에 나타나기 때문이지요. 어쩌면 같은 현상을 다른 말로 부르는 것 같은 면도 있습니다. 책을 많이 읽는 아이들, 잘 읽는 아이들은 독서 속도가 빠릅니다. 일반적으로 그렇습니다. 그러려면 묵독을 잘할 수 있어야 합니다. 묵독을 잘할 수 있게 되면 다독할 수 있습니다. 책을 잘 읽는 아이들에게는 정독이 일어날 수 있습니다. 이해할 수 있겠지요?

사람들의 읽는 행동을 관찰하면 소리가 얼마나 읽기에 중요한지 알 수 있습니다. 처음 읽기를 배우는 사람들, 초보 독서가들은 입으로 소리를 내며 책을 읽습니다. 그래야 글자에 해당하는 의미를 파악하는 데 도움이 되기 때문입니다. 아직은 뇌가 소리 재생을 통해 의미를 파악하는 능력이 부족하기 때문입니다.

하지만 입으로 소리를 내며 읽는 것은 물리적으로 힘이 많이 듭니다. 입속의 침도 마르고, 목도 아플 수 있습니다. 읽는 속도도 빠르지 않습니다. 이런 과정에서 '인간의 뇌'가 한 가지 꾀를 내기 시작합니다. 입으로 내던 소리를 뇌가 대신 내도록 한 것입니다. 이것이 묵독입니다. 읽을 때 입으로 소리를 내지는 않습니다. 하지만 놀랍게도 이 순간 뇌에서는 그동안 귀로 들어서 저장해 놓았던 소리가 재생되는 과정을 거칩니다. 여러분이 직접 실험해 보면 알 수 있습니다.

지금 책 읽는 것을 멈추고, 다음 단어를 소리 내지 말고 읽어 보세요.

'고양이, 강아지, 망아지' 그 순간에 입으로 소리를 내지 않더라도 머릿속에서는 글자에 해당하는 소리가 재생되는 과정을 거칩니다. '내적 독백'처럼 겉으로는 말하지 않지만 속으로 말하는(소리 내는) 현상이 일어납니다. 이러한 것을 우리는 '묵독'이라고 부릅니다. 묵독을 할 수 있어야 책을 잘 읽을 수 있게 되는 것입니다.

이러한 과정이 계속되다가 두뇌의 기능이 떨어지게 되면(노화가 되면) '소리 재생 능력'도 떨어지게 됩니다. 이럴 때 나타나는 현상이 중얼거리면서 글을 읽는 현상입니다. 간혹 어르신들이 책이나 신문을 중얼거리며 읽는 것을 본 적이 있을 것입니다. 노화로 인해 뇌가 소리 재생이 어려워지면 소리를 귀로 들어서 해독하려고 노력합니다. 읽기에 소리가 매우 중요한 역할을 한다는 증거라고 할 수 있습니다.

묵독은 인간의 뇌가 발전하고, 진화하는 모습을 그대로 보여 줍니다. 잘할 수 있는 것은 더 강화하고 불필요한 것은 없애 버리는 뇌 발달의 기제, 곧 '가지치기'가 작동합니다. 그리고 책을 꾸준히 읽다 보면 더 잘 읽을 수 있게 되는 발달의 기제가 작용합니다. 뇌는 책 읽는 활동을 통해 미엘린화되면서 뇌 신경이 더욱 정보 통신을 잘하는 뇌로 바뀌게 되고, 책을 읽을 때 반드시 수반되는 소리 재생을 잘할 수 있게 됩니다. 그러면서 입으로 소리를 내지 않아도 책을 읽을 수 있게 됩니다. 이런 모습이 묵독입니다. 묵독은 책을 읽으면서 발달하게 되고, 묵독 기능 덕분에 책을 더 잘 읽을 수 있게 됩니다.

여기서 잠깐 미엘린화에 대해 짚고 넘어가려고 합니다. 신경세포는 사람의 성장단계에 따라 미엘린화를 거치며 기능이 발달합니다. 미엘린은 뇌 속의 신경섬유를 둘러싸고 있는 지방질 흰색 막입니다. 뉴런을 통해 전달되는 신호가 흩어지지 않게 보호하는 역할을 합니다. 이것은 모든 전기선을 고무 재질 피복으로 감싸 주는 것과 똑같습니다. 미엘린으로 잘 감싸 줄수록 뉴런이 신호를 빨리 전달하고, 증폭할 수 있게 됩니다. 뇌의 어떤 중추나 영역이 미엘린화되었다는 것은 그 부분이 잘 발달했다는 증거입니다. 일반적으로 청각신경은 임신 6개월째, 시각신경은 태어난 후 6개월이 되었을 때, 모든 감각 및 운동신경은 5세가 되기 전에 미엘린화된다고 합니다.

하지만 이런 내용도 있습니다.

글을 읽을 때 시각, 언어, 청각 정보를 하나로 합쳐주는 각회角回, angular gyrus 영역이나 베르니케, 브로카 영역은 5살이 지나면서 발달하기 시작한다. 그러므로 뇌 과학적으로 볼 때, 글자를 가르치는 적기는 5살쯤이다. 아이들에게 너무 일찍 글을 깨우쳐 주는 것은 과학적으로나 교육적으로도 바람직하지 않은데, 보고 듣고 읽은 것들을 한꺼번에 연결하지 못하는 상태에서 책을 읽게 되면, 정확하게 이해가 되지 않는 것은 물론 심리적인 스트레스를 받을 수도 있다.

맞습니다. 잘 알고 있습니다. 아직도 이런 주장들이 상당한 지지를 받고 있습니다. 이는 초등학교 취학 전에 문자 해득 교육을 하지 말라고 하는 이유가 됩니다. 이 내용에 대해서는 동의합니다.

하지만 꼭 구분하고 싶은 것이 있습니다. '교육을 통해 문자를 익히는 것'과 '스스로 문자를 읽는 것'은 구분해야 합니다. 저도 어른들이 의도적으로 문자를 빨리 가르치는 것에는 반대합니다. 그럴 이유가 없습니다. 하지만 아이들이 스스로 흥미를 갖고 글자 읽기를 하는 것조차 막으려는 행동은 난센스입니다. 특히 글자가 쉬워서 어렵지 않게 배울 수 있는 우리나라에서는 더욱 그렇습니다. 자연스럽게 글자(문자)에 흥미를 갖게 되어 한두 글자씩, 한두 문장씩 읽을 수 있게 되는 것을 기쁘게 받아들여야 합니다.

독서법 ❷ - 낭독, 소리 내기와 듣기를 함께하다

낭독은 매우 중요한 활동입니다. 학교 교육에서도 낭독을 매우 중요한 활동으로 여겨, 국어 시간뿐만 아니라 다른 교과 시간에서도 널리 활용하곤 했습니다. 낭독에는 선생님이 읽으면 아이들이 소리 내어 따라 읽는 방법, 각자 소리 내어 크게 읽는 방법, 한 명이 일어서서 크게 소리 내어 읽는 방법 등이 있었습니다.

낭독은 소리 내기와 소리 듣기를 함께하는 활동입니다. 다른 사람의 소리를 듣는 것이 언어 발달과 글자 읽기에 중요하다는 사실은 이미 설명했습니다. 하지만 자기 소리를 듣는 것도 매우 중요합니다. 자기가 내는 맞는 소리를 내고 있는지 아닌지도 확인할 수 있고, 그 과정에서 소리 듣기 훈련도 이루어집니다.

그런데 어떤 일부 독서 전문가는 '낭독 훈련을 해야 한다'고 말합니다. 하지만 이 말은 부모님들과 아이들을 곤란하게 만들 가능성이 큽니다. 낭독 훈련을 할 수 있는 곳은 가정이 아닙니다. 학교에서, 교과서를 활용하는 공식적인 학습 시간에만 가능한 일입니다.

만약에 아이들이 좋아하는 이야기책을 가지고 낭독 훈련을 한다면 어떤 일이 생길까요? 우선 재미를 느낄 수 없습니다. 빠르고 쉬운 방법으로 책을 읽을 수 있는데 힘이 많이 드는 소리 내어 읽기를 반복한다는 것은 위험한 일입니다. 읽기 훈련은 될 수 있겠지만, 아이들이 '이야기책을 읽는 것이 힘들다', '재미없다'는 생각을 갖게 될 가능성이 큽니다. 책 읽는 게 재미있기는커녕 힘만 든다는 사실을 알게 되는 것이지요. 이렇게 되면 책을 싫어하게 만들 가능성이 큽니다.

저는 선생님들께 수업 시간마다 일정 시간을 소리 내기, 소리 듣기에 할애해야 한다고 설명합니다. 선생님과 학교에서 하는 이런 훈련만이 듣기 능력, 소리 내어 읽는 능력을 키울 수 있습니다. 그러면 가정에서는 어떻게 해야 할까요? 그 시간에 책 읽어 주기를 충실히 하면 됩니다. 책을 잘 읽어 준 가정의 아이들은 낭독 훈련을 따로 할 필요가 없습니다. 음성언어와 문자언어가 일치되는 과정을 충분히 겪은 것입니다.

그래도 낭독 훈련과 비슷한 활동을 조금이라도 해 보기를 원한다면, 가끔 아이와 엄마가 번갈아 한 쪽씩 읽어 주기를 하면 됩니다. 또 아이가 엄마에게 책을 읽어 주는 기회를 만들어 주는 것도 좋고요. 그 정도가 할 수 있는 전부입니다.

독서법 ❸ - 정독에 대한 오해

정독이 뭘까요? '바르게 앉아서 책을 읽는 것'을 말할까요? 정독은 책을 읽을 때의 태도나 자세에 관한 얘기는 아닙니다. 정독은 '책의 의미와 뜻을 알 수 있도록 읽는 것'을 말합니다. 책을 읽는 사람이 정독하고 있는지 아닌지는 다른 사람이 겉으로 봐서는 모릅니다. 그러니 오해가 많은 거지요.

많은 사람이 '책을 정독해야 한다'고 말합니다. 정독이 중요하다고 강조하며, 속독은 안 된다고 하는 사람도 있습니다. 그래서 정독이 뭐냐고 물으면, 정확히 설명해 주는 사람이 없습니다. 이렇게 해야 한다고 이끌어 주는 사람도 없습니다. 학부모들은 궁금해하고 불안해합니다. 우리 아이가 정독을 하고 있는지, 제대로 책을 읽고 있는지 말입니다.

도대체 그 이유가 뭘까요? 정독이냐 아니냐의 기준이 아이들에게 맞춰져 있는 것이 아니라, 어른들의 기준에 맞춰져 있기 때문입니다. '잘하느냐, 못하느냐'에 맞춰져 있다는 의미입니다. 아이들이 좋아하면 그만인데, '정독해야 한다', '잘 읽어야 한다', '제대로 읽어야 한다', '슬로 리딩이 좋다', '생각하면서 읽어야 한다', '곱씹듯이 읽어야 한다' 등 설명과 주장이 '독서'라는 한 단어에 너무 많이 붙습니다. 어른은 아이들이 책을 좋아하게 만드는 일을 열심히 하면 됩니다. 물론 책을 '수박 겉 핥기' 식으로 읽는 것에 대한 경계로 하는 말이라는 사실을 모르는 바는 아닙니다. 그렇다고 해서 뜻과 의미를 제대로 알기 어려운 말(용어)로 헷갈리게 하면 안 됩니다.

제가 대학교 다닐 때 학교 도서관 책상 위에 '목적 없는 독서는 방황이다'라는 말이 작은 나무토막에 새겨져 있던 것이 기억이 납니다. 그때는 너무 궁금했습니다.

'왜 목적 없는 독서가 방황이지?'

지금에서야 나름대로 답을 찾았습니다. '학문 탐구'와 '즐거운 책 읽기'를 구분하지 못하고 '독서'라는 꾸러미에 모두 담아 버린 탓입니다.

목적 없는 독서가 가져다주는 행복은 무척 큽니다. 제가 다녔던 대학에서도 구분하지 않고 썼던 게 아닌가 생각합니다. 특히 아이들의 경우에는 '목적 없는 독서'가 정말 중요합니다. 정독이냐 아니냐를 따지는 무의미한 것에 힘을 빼지 말고, '즐거운 독서'를 위해 노력하는 일이 중요합니다.

독서법 ❹ - 속독은 나쁜 것일까?

독서의 속도에 대해서도 오해와 편견이 많습니다. 빠르게 읽으면 안된다, 소화를 시키듯 천천히 읽어야 한다 등 자칭 독서 전문가들이라는 분들이 이런 말을 합니다. 얼마 전 유명한 강연 방송에 나온 분이 '속독을 하면 안 된다'고 말하는 것도 들은 적이 있습니다. 그러면서 "책은 천천히 읽는 게 좋아.", "생각을 하면서 천천히 읽어야 해."라는 말을 아이들에게 해 주라고 권합니다. 이쯤 되면 걱정을 넘어 분노가 치밀어 오르기도 합니다.

독서의 속도는 이해의 속도와 흥미의 속도가 합쳐진 것입니다. 이해할 수 없으면 독서 속도가 빨라질 수 없고, 흥미가 없으면 독서 속도가 빨라지지 않습니다. 좋아하는 책을 잘 이해하고 받아들일 수 있을 때 독서 속도가 빨라집니다. 책은 천천히 읽으라고 강요한다고 해서 그렇게 할 수 있는 것이 아닙니다. 그저 읽는 사람이 읽을 수 있는 속도로 읽는 것뿐입니다. 천천히 읽든, 빠르게 읽든, 그건 읽는 사람의 마음입니다. 읽는 사람, 자신의 속도입니다.

아마 앞서 이야기한 분은 속독에 대한 이해가 전혀 없거나 속독을 하는 아이들을 본 적이 없는 분일 것입니다. 그분을 이해하는 입장에서는 '겉 읽기 또는 책 둘러보기'에 대한 경계의 말이라고 할 수는 있습니다. 그렇다면 '속독'이라는 말을 쓰지 말았어야 합니다. 용어 구분을 정확하게 해야 합니다.

이렇게 영향력이 큰 방송에서 틀린 내용을 이야기하게 되면, 독서에 대한 잘못된 생각을 심어 줄 수 있습니다. 나중에 아이가 책을 빨리 읽으면, 부모님들이 아이가 잘못된 길을 가고 있다고 생각할 수 있으니까요. 속독은 독서 능력이 좋은 아이들에게 일어날 수 있는 축복입니다. 속독은 필요하다고 해서 할 수 있는 것이 아닙니다. 오랜 기간에 걸쳐 꾸준히 책을 읽는 가운데 자연스럽게 발달하는 능력입니다.

책을 많이 읽는 아이들에게 속독은 자연스러운 일입니다. 속독을 하면 눈으로 받아들이는 과정과 뇌에서 해독하는 과정이 한꺼번에 일어납니다. 눈으로 받아들이는 것(입력)을 잘못해도 읽는 속도는 빨라질 수 없으며, 입력은 됐으나 처리(해독 및 즐김)가 늦어도 빨라질 수 없습니다. 속독이 일어난다는 것은 입력과 처리가 모두 잘된다는 뜻이기도 합니다.

10여 년 전에 속독 훈련이라는 것이 잠시 주목받던 시절이 있습니다. 시지각 훈련을 통해 사선으로 읽기, 건너뛰며 읽기, 아래로 죽 내려가며 읽기 등 입력 훈련을 하면 빨리 읽을 수 있다는 원리였습니다. 이느 정도 도움이 되는 면도 있지만, 이 원리는 한계가 분명합니다. 마치 입을 크게 벌려 빨리 먹으면 소화도 잘할 수 있다고 주장하는 것과 같습니다. 빨리 먹는다고 소화가 잘될 리 없습니다. 오히려 독이 될 수도 있습니다.

자연스러운 속독은
축복이다

책 읽기를 좋아하는 아이들은 자연스럽게 속독을 하게 됩니다. 어떤 과정을 거쳐 아이들이 속독을 하게 되는지는 글자를 배우고 익혀 나가는 과정을 살펴보면 이해하기가 쉽습니다.

아이들이 태어나서 글자를 배우기 시작하면, 그때는 많이 들었던 글자와 소리가 복잡하지 않은 글자들부터 읽게 됩니다. 예를 들면 자기 이름을 가장 먼저 읽거나 쓰곤 합니다. 주변에서 많이 볼 수 있는 사물의 이름이나 신체 부위의 이름도 쉽게 익힙니다. 또 소리와 모양이 일치하는 받침 없는 글자들도 쉽게 배웁니다.

읽을 수 있는 글자 수가 많아지면, 문장 속에서 글자들을 찾아 읽게 됩니다. 하지만 이때도 알고 있는 어휘가 충분하지 않기 때문에 의미 파악이 쉽지 않습니다. 한 글자 한 글자 손으로 짚어 가며 읽기도 합니다. 문장을 읽는다기보다는 글자를 찾아 읽는다고 해야 합니다. 이때 어떤 독서 전문가는 '의미 단위로 띄어 읽는 훈련을 시켜야 한다'고 말하기도 하지만, 이는 아직 의미를 모르는 아이들에게는 정말 '의미 없는' 이야기입니다. 이런 말들이 아이들의 책 읽기를 점점 오해하게 만들고, 어렵게 만듭니다.

그다음 단계에 접어들면 어휘가 늘고, 이해할 수 있는 문장이 많아지면서 읽는 속도도 조금씩 빨라집니다. 잘 읽을 수 있고, 뜻을 잘 이해할 수 있는 능력이 생깁니다. 그러면서 안 읽어도 되는 부분이 생깁니다. 글자(텍스트) 읽는 시간이 줄게 되는 것입니다.

이런 현상이 더 발전하게 되면 문장을 이해하는 데 꼭 필요한 요소만 찾아 읽으면서 문장 전체를 이해하고 받아들이며 즐기는 경지에 오릅니다. 키워드 중심으로 읽기를 하는 것입니다. '엄마, 시장, 고등어 2, 갈치 3'만 알게 되면 문장을 이해하고 받아들이기 충분합니다. 그러기 때문에 속도가 빨라집니다. 독서 능력이 좋아진다는 것은 어휘력이 발달하게 되는 것이고, 문장 해독력이 좋아지는 것이며, 눈으로 받아들이는 입력 능력이 좋아진다는 것입니다.

여기에 '재해석'이라는 과정이 작동합니다. 눈으로 빠르게 받아들인 어휘와 문장을 이전에 읽었던 어휘와 문장, 그리고 삶의 경험을 바탕으로 의미 있는 문장으로 다시 구성하는 능력을 말합니다. 이런 재해석 과정까지 더해져야 속독을 할 수 있게 됩니다. 속독은 발달 과정에서 일어나는 아주 자연스러운 현상입니다. 속독하는 수준이 될 수 있다면 아이들의 삶에 있어서 큰 성취이자 축복입니다.

어떤 책을 읽어야 할까?

책은 편식해도 괜찮을까?
– 편독의 힘

앞서 이야기한 여러 가지 독서법 가운데 '편독'이라는 것이 있습니다. 그런데 독서에 '편독'이라는 말을 붙이는 것은 옳지 않아 보입니다. 편독이라는 말에는 부정적인 느낌이 들어 있습니다.

음식은 골고루 먹는 것이 몸에 좋습니다. 활동하고 성장하는 데 필요한 영양소와 에너지를 공급하려면 다양한 음식을 골고루 먹어야 가능합니다. 하지만 독서는 그렇지 않습니다. 하루에 먹어야 할 필수 영양소는 있으나 일정 기간에 꼭 읽어야 하는 다양한 책은 없기 때문입니다.

사실 편독은 독서가 깊어지고 있는 것을 보여 주는 현상이라 할 수 있습니다. 좋아하는 책의 분야가 생겼다는 의미입니다. 읽고 싶은 책이 생겼다는 것이지요. 아주 좋은 일입니다. 독서에 대한 용어 중에 '좁은 독서'narrow reading라는 표현이 있습니다. 한 가지 주제나 특정 분야의 책을 읽는 현상을 말합니다. 좁고 깊게 책을 읽는 것을 말하지요. 좁고 깊게 책을 읽으면, 특정 분야에 깊은 식견이 생기게 됩니다. 그러다 보면 자연스럽게 관련 분야로 관심이 옮겨 가, 독서에 대한 흥미도 지속할 수 있게 되지요.

예를 들어 나무에 대한 책을 많이 읽다 보면, 자연스럽게 기후나 토양, 식물에 대해서도 관심이 생겨 책을 찾아서 읽게 됩니다. 이런 몇 개 분야의 좁은 독서가 연결되어 이어지면, 어느 정도 넓은 독서도 가능해집니다.

제 큰아이도 초등학교 저학년 때 시오노 나나미의 『로마인 이야기』를 여러 번 읽었습니다. 그리고 유럽 역사에 관한 다른 책도 많이 읽었지요. 그러던 어느 날 마키아벨리의 『군주론』을 사다 달라고 했습니다. 다소 놀라웠습니다. 사실 저도 그 유명한 책을 읽어 보지는 않았거든요. 초등학생 아이가 그런 책을 읽겠다고 하니 놀랄 수밖에요. 그래서 저는 여러 가지 수준의 책을 사다 주었습니다. 그 아이가 이 책들을 얼마나 읽었는지 알 수 없지만, 그런 지적인 호기심이 생겼다는 사실만으로도 기뻤습니다.

만약 여러분의 아이가 한 분야의 책을 많이, 깊이 읽고 있다면 기뻐해야 합니다. '우리 아이의 책 읽기가 깊어지고 있구나'라고 생각하고 그

분야의 책을 더 사다 주며 권하면 됩니다. 편독, 즉 좁은 독서는 책 읽는 아이가 되어 가고 있다는 증거입니다.

판타지 소설을
즐겨 읽는 아이들

아이들은 차츰 성장하면서 책을 읽는 수준이 올라갑니다. 하루아침에 어려운 책을 읽는 것이 아니고, 꾸준히 읽는 과정을 통해 성장하고 발달하게 됩니다. 그러면서 나타나는 현상 가운데 하나가 판타지 소설을 편독하는 것입니다.

판타지 소설은 실제로 있었던 이야기가 아니라 상상한 내용을 글로 쓴 것입니다. 현실에서는 있을 수 없는 초자연적이고 비현실적인 이야기들을 주제로 하며, 현실과는 다른 시공간에서 초자연적 존재들에 의해 펼쳐지는 사건을 다루는 가상 소설이지요. 『해리포터』, 『반지의 제왕』 등이 유명하지만, 이 밖에도 아이들이 좋아하는 판타지 소설은 매우 많습니다. 요즘에는 웹소설로도 많이 읽히고 있습니다.

개인적인 차이가 있고 독서 수준에 따라 다르지만, 보통 4학년 무렵부터 아이들은 판타지 소설을 읽기 시작합니다. 물론 더 일찍부터 읽는 아이도 있긴 합니다. 이 무렵 아이들은 문장이 길고, 줄거리도 여러 개로 구성된 복잡하고 어려운 책을 읽을 수 있는 수준이 됩니다. 과거와 미래 같은 시간 개념이 생기고, 실제 존재하지 않는 인물이나 사건들을 이해하고 받아들이고, 즐길 수 있게 되는 거지요. 스위스의 심리학자 피아제Piaget의 인지 발달 이론에 따르면, 이 시기 이전을 '구체적 조작기(7~11세)'라고 하고, 이후를 '형식적 조작기(11세 이후)'라고 합니다. 형식적 조작기에 들어서야 추상적인 스토리나 사물들에 대해 논리적인 사고가 가능하고, 추상적인 언어를 통한 교육이 비로소 가능해집니다.

'판타지 소설만 읽는다'고 걱정하는 엄마들이 있습니다. 사실이 아닌 꾸며 낸 이야기만 읽고 있어서 걱정이라는 것입니다. 하지만 그것은 축복이고, 수준 높은 독서가들이 당연하게 겪는 발달 과정입니다. 읽고 싶어 하는 책을 더 사다 주어야 합니다. 판타지 소설을 읽는 아이들의 독서 수준은 매우 높습니다. 사실 그 아이들은 눈으로는 책을 읽고 있지만, 그 순간에 뇌는 책 속에 나오는 주인공들과 그들의 세상에서 함께 뛰어놀고 있을지 모릅니다.

1970~1980년대 월간 어린이 잡지.

상상력이 풍부하지 않으면 불가능한 일입니다. 독서 능력, 상상력, 형식적 조작기의 발달이 뒷받침되어야 가능한 일입니다. 그러니 축복이라고 하는 것입니다. 기뻐하며 권장해 줘야 할 일입니다.

학습만화의 범람 시대,
만화책을 어찌할꼬?

그러면 만화책은 어떨까요? 판타지 소설처럼 만화책도 많이 읽도록 내버려 둬야 할까요? 강의를 다니다 보면 만화책에 관한 질문을 많이 받습니다. 부모님들의 고민을 이해합니다. 만화책에만 머물러 있는 아이들이 정말 많습니다. 이는 당연히 좋은 일은 아닙니다. 만화책은 수준 높은 책이 아니기 때문입니다.

만화는 어른, 아이 할 것 없이 누구나 좋아합니다. 저도 어렸을 때 만화책을 좋아했습니다. 그때는 만화책도 귀해서 동네에 한 권이 생기면 돌려가며 함께 읽었습니다. 월간 어린이 잡지인《어깨동무》,《소년중앙》 등을 정기 구독하는 친구네 집에 잡지가 도착하면 순서를 정해서 돌려가며 읽었지요.

기억이 가물가물하지만 『강가딘』이라는 만화가 기억이 납니다. 사람처럼 행동하는 검은 강아지 강가딘은 사람보다 생각이 바르고, 똑똑합니다. 저와 같은 아이들은 재미있고, 용기 있는 강가딘의 행동에 감동을 받습니다.

『주먹대장』이라는 만화도 있었습니다. 한쪽 주먹이 기형적으로 큰 소년이 세상을 돌아다니며 불의를 물리치며 정의롭게 살아가는 내용입니다. 그 당시 저를 비롯한 많은 어린이가 『강가딘』이나 『주먹대장』을 응원하며 함께 자란 것 같습니다. 그 당시 만화는 재미와 감동이 있었고, 탄탄한 스토리를 갖추고 있었습니다. 표현 방식만 만화였을 뿐, 이야기책의 요소가 충분히 담겨 있었지요.

요즘에 흔한 학습만화는 그 당시에는 없었습니다. 적어도 제 기억에 학습에 도움이 되는 만화의 시작은 이원복의 『먼 나라 이웃 나라』(1981) 시리즈가 아닐까 합니다. 이 만화책은 깊이 있는 내용을 재미있게 다루고 있어서, 어른은 물론 아이들에게도 큰 인기가 있었습니다. 이런 책은 형식은 만화이지만, 어떤 책과 비교해도 손색이 없을 정도로 그 가치가 높습니다.

저는 만화를 보는 것을 반대하거나 경계하지는 않습니다. 하지만 요즘 만화에 대해서는 짚어 봐야 할 점이 있습니다. 우선 학습만화의 범람입니다. 학습이라는 요소와 아이들이 좋아하는 만화라는 속성을 합쳐 놓으니 그럴듯해 보입니다. 하지만 학습만화를 본다고 해서 학부모님들이 기대하는 학습은 크게 일어나지 않습니다. 학습이란 일정 시간의 지속적인 활동, 깊이 있는 사유, 지식이 내면화될 정도의 반복된 축적 등이 이루어져야 합니다.

학습만화를 통해서는 단편 지식의 습득에 그칠 수밖에 없습니다. 커

다랗고, 은근하며, 절대 쉽게 사라지지 않을 지식의 뭉치가 들어앉을 기회는 없다는 것입니다. 이런 중요하지도 않고, 크게 쓰이지도 않는 단편적인 지식의 습득을 위해 아이들이 많은 시간을 허비하는 것을 경계해야 합니다. 더구나 숙련된 독서가로 올라설 수 있는 마지막 시기인 초등학교 저학년, 중학년 시기에 만화책만 보고 있는 것은 심각하게 걱정해야 합니다.

책을 고를 때는 작가나 출판사도 잘 살펴보아야 합니다. 자극적인 그림과 캐릭터를 내세우고, 컬러로 화려하게 치장하는 등 얕은 흥미를 앞세운 편집은 좋은 책이라고 생각하기 어렵게 만듭니다. 게다가 시리즈물이 많아서 책을 여러 권 사게 하려는 면도 그런 생각을 뒷받침해 줍니다.

이런 책들이 대부분 정의롭고 따뜻한 사람이 이끌어 가는 스토리로 이루어져 있지 않다는 점도 생각해 봐야 합니다. 오랫동안 사랑받는 만화책들은 대부분 이런 영웅들을 주인공으로 하고 있습니다. 미국 만화의 황금기에 나왔던 것들도 마찬가지입니다. 『슈퍼맨』(1938), 『배트맨』(1939), 『원더우먼』(1941) 등이 그 예라 할 수 있지요. 이들 주인공은 영화나 TV 시리즈물로 계속해서 리메이크될 정도로 인기가 있습니다. 시대를 건너뛰어 인기를 유지할 수 있다는 것은 충실하고 재미있는 이야기 없이는 불가능한 일입니다.

저는 만화책을 뻥튀기라고 표현합니다. 뻥튀기는 죄가 없습니다. 뻥튀기를 먹는 것도 큰 잘못이 아닙니다. 하지만 뻥튀기만 먹으면 위험해

질 수 있습니다. 더구나 성장기에 있는 아이들이 삼시 세끼 뻥튀기를 먹는다면 정말 큰일입니다. 균형 있는 성장을 기대하기 어렵고, 잘못하면 목숨까지 위태로워집니다.

만화에 빠지는 아이들은 다 이유가 있습니다. 우선 주변에 학습만화를 포함한 만화책이 아주 많기 때문입니다. 아무리 집 안에 두지 않는다고 해도, 유치원이나 학교에 가면 손쉽게 접할 수 있지요. 그다음 책 읽기에 대한 좋은 자극을 주거나 이를 이끌어 줄 사람이 별로 없었다 점도 이유 중 하나입니다. 어렸을 때 책 읽어 주기와 같은 중요한 활동이 충분히 이루어지지 못하고, 커 가면서 책 읽기에 대한 자극을 제대로 받지 못할 경우 많은 문제가 생깁니다. 그 결과 책 읽기 수준을 올리는 데 실패한 상태에서 친구들이 보는 학습만화 종류를 쉽게 접하게 되면 금세 빠져들게 마련이지요. 사실 빠져든다는 표현은 맞지 않습니다. 만화를 보는 정도의 수준에 머물러 있다고 하는 말이 더 맞습니다. 흔히 만화책은 읽는다고 하지 않습니다. 본다고 하지요. 이를 봐도 만화책을 볼 때 깊이 있는 책 읽기가 이루어지지 않는다는 사실을 잘 알 수 있습니다.

책을 좋아하는 아이들도 만화책을 보기는 합니다. 하지만 만화라는 문턱에 걸려 넘어져 허우적거리지는 않습니다. 만화책만 보지 않고, 수준 높은 책도 잘 봅니다. 이럴 경우라면 걱정할 필요는 없습니다.

학자들도 만화 보는 것을 반대하지는 않습니다. 하지만 범람하는 학습만화, 독서에 대한 이해도가 낮은 부모님들, 독서를 상술로 이용하는 사람들이 넘쳐 나는 우리나라 도서 시장의 특수한 상황을 감안해야 합니다. 그렇지 않으면 아이들은 수준 높은 독서의 세계로 나아가지 못한 채, 흥미 위주의 책 속에서만 허우적거리게 될 것입니다.

공부를 잘하려면
독서를 잘해야 한다

초등학교 시기에 '공부'를 지나치게 강조하는 것은 바람직하지 않지만, 중고등학교에 올라가 공부를 잘할 수 있도록 밑바탕은 다져 놓아야 합니다. 그 중심에 바로 독서가 있지요. 저는 책 읽어 주기가 아이들의 독서에 큰 영향을 미칠 수 있다고 생각해, 2006년부터 학교에서 시행해 왔습니다. 그러던 어느 날, 재미있는 텔레비전 프로그램을 보게 되었습니다.

제가 본 것은 〈스펀지 2.0〉이라는 프로그램으로, 시리즈 제목이 '공부 잘하는 법'이었습니다. 그날은 '청각 주의력'에 대해 다루었는데, '의미 있는 청각 신호를 잘 들을 수 있는 사람이 공부를 잘한다'는 것이 주된 내용이었습니다. 이를 실험을 통해 증명했는데, 실험 내용은 간단했습니다. 참가자들에게 숫자를 하나씩 불러 주며 계속해서 더하도록 했지요. 실험 결과, 좋은 성적은 얻은 학생들은 학교 성적도 어김없이 좋았고, 그렇지 못한 학생들은 성적도 좋지 못함을 알 수 있었습니다.

이 방송을 보고 깨닫게 된 점이 많습니다. 우선 공부를 잘하려면 청각 주의력과 같은 개별적인 능력이 뒷받침되어야 한다는 사실입니다. 그 뒤로 저는 공부 못하는 아이들을 보면 의지가 부족하거나 게으른 아이가 아니라, '도움이 필요한 아이구나'라고 생각합니다. 그런 능력들을 발달시켜 주기 위한 어른들의 노력이 필요하다는 사실을 알게 된 것입니다.

또 한 가지 알게 된 중요한 사실이 있었습니다. 우리가 시작한 '책 읽어 주기가 청각 주의력을 높이는 매우 좋은 방법'이라는 굉장한 사실입니다. 정말 이 정도로 아이들에게 좋은 활동인 줄은 몰랐습니다. 그저 막연하게 아이들에게 도움이 될 거라 믿고 시작한 일이 과학적으로도 증명이 되었던 것입니다.

이 방송을 보고 난 뒤 관련 시리즈 전체를 다 확인해 보았습니다. 모두 11편으로 구성되어 있는데, 그중 의미 있는 1~6편을 간단히 살펴보도록 하겠습니다. 1편에서는 '워킹 메모리'working memory, 2편에서는 '시각 주의력', 3편에서는 '청각 주의력', 4편에서는 '행동 억제력', 5편에서는 '집행력', 6편에서는 '분노 조절'을 다루고 있습니다.

'워킹 메모리'는 작업 기억이라고 합니다. 기억을 잘하는 것, 기억한 것들의 연결 관계를 잘 아는 것, 그리고 이러한 내용을 잘 가져다 쓰는 것을 모두 뜻합니다. '시각 주의력'은 의미 있는 시각 정보에 주의를 기울이는 능력이고, '행동 억제력'은 필요한 만큼의 시간 동안 행동을 얼마나 잘 조절하는지에 대한 능력입니다. '집행력'은 이해력과 같은 말이며, '분노 조절'은 설명하지 않아도 될 것 같습니다. 이들 능력이 좋은 아이들은 학교 성적도 어김없이 좋았습니다. 이런 능력이 좋지 않은 아이들은 학교 성적도 좋지 않았지요.

그중에서도 워킹 메모리, 곧 작업 기억은 매우 중요한 능력입니다. 일과 학습은 기억이라는 뇌의 작용과 떼려야 뗄 수 없는 관계이니까요. 워킹 메모리의 기능과 역할에 대해 아는 것도 중요하지만, 워킹 메모리의 생성 과정을 아는 것이 더 중요합니다.

워킹 메모리의 생성 과정은 '빈 교실에 책을 던져 쌓는 일'에 비유할 수 있습니다. 책을 한 권씩 차례로 던져 넣으면, 처음에는 쌓이지 않다가 점점 더 많아지면서 차츰 쌓이게 됩니다. 자꾸 던지다 보면 넓은 면적에 두껍게 쌓이게 됩니다. 이 쌓인 책들의 두께와 넓이가 워킹 메모리라고 생각하면 됩니다.

책을 한두 권 읽을 때는 책 내용의 관계를 잘 알지 못할 수 있습니다. 하지만 읽은 책들이 많아지면 책들 간의 내용적 연관성을 찾을 수 있게 됩니다. 어휘와 문장, 내용까지 연결되는 부분이 많아지는 것입니다. 많이 알게 되고, 그 지식들 사이의 연관성을 깨닫고, 필요할 때 이를 잘 꺼내 쓰는 능력이 생기게 되는 것입니다. 이 능력이 '워킹 메모리'입니다.

이러한 워킹 메모리의 생성 과정과 정반대의 학습 방법이 '단순 반복 암기'입니다. 물론 암기라는 학습 방법은 여전히 유효합니다. 하지만 단순 반복 암기라는 방법만 쓰는 것은 경계해야 합니다. 결국 꾸준한 독서와 다독만이 워킹 메모리를 축적하고 생성하는 가장 좋은 방법이라는 것입니다. 어떻습니까? 동의할 수 있겠지요?

더 놀라운 사실이 있습니다. 워킹 메모리를 비롯해 시각 주의력, 청각 주의력, 행동 억제력, 집행력, 분노 조절까지 한꺼번에 길러 주는 활동이 있다는 것입니다. 그것은 바로 '독서'와 '책 읽어 주기'입니다. 그러니 공부를 잘하는 데 필요한 모든 능력을 길러 주는 활동인 독서를 소홀히 하면 안 됩니다. 독서를 열심히 해야 하는 또 하나의 이유입니다.

문해력이 답이다

문맹률과
실질적 문맹률

'문맹'이라는 말은 '글자를 못 읽는 상태'를 뜻하는데, 설명이 필요하지 않을 정도로 웬만한 사람은 다 아는 말입니다. 하지만 '실질적 문맹'은 다소 낯선 말입니다. '실질적 문맹'은 '글자를 읽을 수는 있으나 문장의 뜻이나 글의 뜻을 이해하기 어려운 상태'라고 설명할 수 있습니다.

얼마 전 '심심한 사과'라는 말이 우리 사회에서 문해력 논란을 일으키면서, 실질적 문맹에 대한 관심이 높아졌습니다. 웹툰 작가 사인회를 열기로 한 어느 카페에서 예약 오류가 일어나자 다음과 같은 사과문을 올린 게 발단이었지요. "예약 과정 중 불편 끼쳐 드린 점 다시 한번 심심한 사과 말씀드립니다." 이 글에 "심심한 사과라니 난 하나도 안 심심하다.", "제대로 된 사과도 아니고 무슨 심심한 사과?" 같은 댓글이 달리면서 화제가 되었습니다. 매우 깊고 간절하다는 뜻의 '심심深甚하다'를, '하는 일이 없어 지루하고 재미가 없다'는 뜻으로 해석해 카페 측을 비판한 것이지요.

이 상황에서도 알 수 있듯이, 우리나라는 문맹률에 비해 실질적 문맹률이 높은 편입니다. 우리나라 문맹률은 약 4.5%인 반면, 실질적 문맹률은 약 8.7%나 되었지요. 이런 현상이 발생한 이유가 뭘까요? 이유를 알고 나면 이런 아이러니가 없습니다.

우리나라의 경우 한글이 아주 쉬워서 노력을 많이 하지 않아도 글자를 읽을 수 있습니다. 그래서 전 세계에서 문맹률이 가장 낮은 나라가 된 것입니다. 자랑스러운 통계이지만, 속을 들여다보면 심각하게 걱정해야 할 부분이 있습니다. 글자를 익혀서 쓸 때까지 꼭 해야 하는 '책 읽어 주기, 책과 친해지기, 책 놀이하기, 책 보면서 소리 듣기, 소리 내어 읽기' 등의 활동을 충분히 하지 않았기 때문에, 글자를 읽을 수는 있어도 글자를 읽는 힘, 책을 읽는 힘은 약한 것입니다. 그러다 보니 쉬운 책, 얇은 책, 만화책과 같은 책은 읽을 수 있으나, 조금 어렵고 두꺼운 책, 긴 문장들로 이루어진 책은 읽을 수 없게 되는 것입니다. 읽는 힘이 달리는 것입니다. 책을 읽는 훈련과 연습을 하지 않으니 당연한 일입니다.

실질 문맹률은 '실제로 책을 활용하는 능력'이라고 할 수 있습니다. 그런데 우리나라 사람들은 새로운 기술이나 직업에 필요한 지식을 습득할 때 책을 읽기보다 인터넷을 검색하거나 텔레비전(영상매체)을 보거나 다른 사람들의 말을 듣는 등의 활동을 우선으로 합니다. 이는 우리 주변을 살펴보면 금세 알 수 있습니다. 책을 읽는 사람들이 주변에 많지 않습니다. 무언가 필요해도 책을 읽어서 정보를 습득하지 않습니다. 실질적 문맹률이 높다는 것은 책을 읽지 않는다는 말과 같습니다. 책을 읽을 수는 있으나 읽지 않는다는 말과 같습니다. 책을 읽는 힘이 부족할 수밖에 없습니다. 이처럼 독해력, 문해력이 부족해서 나타나는 현상은 아주 많습니다. 정말 걱정이 큽니다.

등산과 독서의 공통점, 준비와 연습을 꾸준히 해야 한다

독해력, 문해력을 키우려면 어떻게 해야 할까요? 답은 간단합니다. 그저 매일 꾸준히, 조금씩 수준을 높여 가면서 책을 읽으면 됩니다. 이를 등산에 비유해 설명해 보겠습니다.

남산도 산일까요? 산이긴 한데, 산이라고 부르기엔 왠지 좀 그렇습니다. 하지만 장점도 있습니다. 오르기 어렵지 않아서 매일 갈 수 있습니다. 이에 비해 한라산은 오르기가 쉽지 않습니다. 험하고 높은 까닭에 올라 보려고 시도조차 하지 않는 사람도 많지요. 그런데 우리나라를 벗어나 시선을 넓혀 보면, 한라산보다 더 높은 산들이 아주 많습니다.

　사람들이 살아가면서 올라가야 할 산이 많듯이 아이들이 앞으로 읽어야 할 책도 아주 많습니다. 오르기 쉬운 남산과 같은 책들도 있습니다. 한라산, 백두산이나 에베레스트 정도의 책도 있습니다. 시작은 얇은 책, 쉬운 책으로 시작할 수 있습니다. 하지만 그런 책들에만 머물러 있으면 한라산은 물론이고, 백두산, 에베레스트는 절대 갈 수 없습니다. 남산에 오르기를 반복하다가 머물러 있을 수 있습니다. 산은 안 가면 그만입니다. 하지만 수준 높은 책을 못 읽는다는 것은 큰 문제입니다. 우리나라의 거의 모든 교육 문제는 수준 높은 책을 읽지 못하는 데서 발생합니다.

　쉬운 책에만 머물러 있는 상태를 '흥미 독서기에 머물러 있다'고 말합니다. 만화책, 짧은 책, 얇은 책, 그림만 많고 글은 별로 없는 책 들만 읽고 있는 현상입니다. 이런 책들은 산으로 따지면 남산에 해당합니다.

사실 남산 수준도 아닙니다. 뒷동산일 수도 있습니다. 야트막한 언덕을 오르내릴 뿐 더 높은 산에 오르지 못하고 있는 것입니다. 이런 책에는 수준이 있는 단어나 문장이 충분히 들어 있지 않은 경우가 많습니다. 그저 얕은 흥미를 끌거나 단편 지식으로 구성된 책들만 읽고 있는 셈이지요

수준 높은 독서를 하려면 준비와 연습을 꾸준히 해야 합니다. 오늘 읽은 책 속의 어휘, 문장이 밑바탕이 되어 독해력(문해력)이 길러지고, 이는 내일 책을 읽을 때 쓰이는 것입니다. 그래야 한라산, 백두산도 가고 히말라야, 에베레스트도 갑니다.

문해력,
문제 해결의 시작

얼마 전부터 문해력이란 말이 우리의 큰 관심을 끌고 있습니다. 갑작스러운 관심에 뭔가 특별한 내용이 있나 싶지만 전혀 새로울 게 없습니다. 그야말로 문해력이란 '글을 읽고 의미를 아는 능력'입니다. 조금 확장하면 '정보를 잘 받아들이고 활용하는 능력'이라고 할 수 있지요. 예전에는 '글을 읽는 행위'가 대표적인 정보를 받아들이는 방법이었지만 요즘은 인터넷 등 다양한 매체에서 많은 정보가 쏟아지고 있습니다. 이처럼 넘쳐 나는 정보를 받아들이고 활용하는 능력까지 확장한 것이 문해력이라고 이해하시면 됩니다. 하지만 문해력文解力에 글월 문文 자가 들어

있는 점에서 알 수 있듯이, 이는 '독해력'이라는 말과 의미가 같다고 할 수 있습니다. 결국은 읽지 못해서 생기는 것이 '문해력 결핍'입니다.

그러면 요즘 독해력보다 문해력이라는 말을 많이 쓰는 이유는 무엇일까요? 그 배경에는 글자를 읽고 쓸 줄 아는 능력을 가리키는 '리터러시'literacy가 있습니다. 리터러시라는 말이 널리 쓰이면서, 문해력으로까지 확대된 것이지요. 먼저 다양한 매체를 이해할 수 있는 능력을 가리키는 '미디어 리터러시'Media literacy라는 말이 널리 쓰이더니, 미디어 대신 정보, 멀티, 디지털, 문화 등의 말을 붙여 쓰는 데까지 나아갔습니다. 최근에는 유튜브 리터러시라는 단어까지 만들어졌지요. 말을 어렵게 만들어서 쓰다 보니 부모님들만 곤란하게 만드는 것은 아닌지 걱정이 앞섭니다. 다만 '언어를 읽고 쓰는 능력'에서, 더 나아가 '변화하는 사회에서의 적응 및 이에 대처하는 능력'으로 그 개념이 확대되고 있다고 알면 좋겠습니다.

'읽지 못하는 아이들의 문제'가 날로 심각해지고 있습니다. 사실 이 문제는 하루아침에 생긴 것이 아니라, 오래전부터 누적되어 온 것입니다. 책을 읽지 않는 것이 문제입니다. 우리나라의 아이들이 책을 읽지 않는다는 사실(물론 책을 안 읽는 것은 어른들도 마찬가지입니다)은 누구나 알고 있는데, 이것이 문해력에 영향을 미친다는 사실을 이제야 깨닫게 된 것입니다.

하지만 아직도 모르는 사람이 더 많습니다. 일찍부터 교과 공부를 위해 너무 많은 시간과 노력을 쏟아붓는 것을 보면 알 수 있습니다. 교과

지식이나 학습 내용을 채워 나가는 것에만 급급하면서 책 읽기는 등한시하는 부모들이 많은 것만 봐도 그렇습니다.

이건 좋은 방법은 아닙니다. 문해력이 부족하면 모든 것이 부족한 것입니다. 문해력이 부족하면 거의 모든 학습이 불가능합니다. 이 사실을 모르고 있기 때문에 교과 교육에만 매달리는 것입니다.

문해력을 기르는 일은 무엇보다 중요합니다. 어렸을 때부터 시작해서 문해력이 충분해질 때까지 꾸준히 노력해야 합니다. 가장 좋은 방법은 기쁘게, 즐겁게 책을 읽는 것입니다.

사람의 뇌를 채우는 독서

이해력을 기르는 좋은 방법
- 독서, 대화, 체험

이해력은 어휘와 문장, 배경지식의 질과 양에 비례해 늘어납니다. 어떤 사실을 잘 이해한다는 것은 이에 대한 어휘와 문장, 관련 지식을 많이 알고 있다는 의미입니다. 이제까지의 독서와 학습, 그 밖의 활동을 통해 받아들인 어휘와 문장, 배경지식이 많고 좋다면 현재 읽고 있는 책을 더 쉽게 읽어 낼 수 있으며, 더 잘 이해할 수 있게 된다는 것입니다. '오늘 읽은 책이 내일 읽을 책의 밑바탕이 된다'는 말은 아주 정확한 표현입니다. 다독을 통해 충분히 어휘와 문장, 배경지식을 쌓아야만 이해력이 좋아집니다.

어휘, 문장, 배경지식을 늘리는 세 가지 방법은 독서, 대화, 체험입니다. 이 세 가지는 서로 다른 특징을 갖고 있으며, 각각 큰 장점과 특징이 있습니다. 이 세 가지는 상호 보완적으로 작용하며, 아이들에게 좋은 영향을 미칩니다. 그래서 세 가지를 '아이를 잘 키우는 가장 확실한 방법' 이라고 말합니다.

간단히 설명하면 다음과 같습니다. 책에서 어떤 것을 읽었으면 실제로 그것을 '보기, 만지기, 먹기, 자르기, 두드리기, 관계 익히기, 봉사하기, 운동하기' 등과 같이 몸으로 직접 해 보는 활동(체험)을 하게 하는 것이 좋고, 어떤 것을 체험했으면 책, 신문, 잡지에서 그 내용을 찾아 읽게 하라는 것입니다. 다시 말해 '많이 읽고, 많이 체험하는 것이 좋다'는 뜻입니다.

더 쉽게 정리하면 이렇습니다. 책에서 강아지풀을 봤으면 직접 강아지풀을 보여 주려고 노력하면 되고, 어느 날 길가에서 다람쥐를 봤다면 다람쥐에 관한 책을 읽게 하는 것이 좋다는 이야기입니다. 그러면 아이는 다람쥐에 대한 지식을 쌓게 되고, 책과 우리의 삶이 서로 연결되어 있음을 알게 됩니다. 책 속의 내용이 현실에 존재하며, 현실에 존재하는 모든 것들이 책 속에 정리되어 있다는 사실을 깨닫게 되지요. 또한 책은 딱딱하고 어려운 것이 아니라 우리 삶 속에 살아 있는 친근하고, 생동감 있는 존재라는 사실을 알게 됩니다. 이러한 노력은 아이들이 책을 좋아할 가능성을 더 크게 만듭니다.

그러면서 틈틈이 아이와 대화를 많이 나누어야 합니다. 여러모로 대화는 아이의 성장 발달에 긍정적인 영향을 줍니다. 대화를 통해 인간관계를 맺는 능력까지 길러 줄 수 있지요.

대화 능력은 인간관계 능력입니다. 사람과의 대화와 접촉을 꺼리는 '은둔형 외톨이'가 일으키는 사회문제는 어마어마하지요. 대화가 없다는 것은 인간관계가 없다는 말도 됩니다. 이처럼 세 마리 말이 이끄는 마차처럼 '독서', '대화', '체험'을 균형 있게 해야만 전인적인 인간으로 자랄 수 있게 됩니다.

이해력이 좋은 아이들은
어떤 특성을 갖고 있을까?

흔히 독서를 많이 하면 이해력이 좋아진다고 이야기합니다. 책을 많이 읽다 보면 수준 높은 어휘와 문장을 많이 보게 되고, 배경지식도 탄탄히 쌓을 수 있지요. 수많은 어휘와 문장을 해독해 내는 과정을 겪다 보면, 또 배경지식을 쌓아 나가다 보면 이해력은 자연스럽게 높아지게 마련입니다.

이해력은 아이들의 많은 부분에 영향을 미칩니다. 학교생활과 관련된 특성을 몇 가지만 살펴보도록 하겠습니다.

첫째, 이해력이 좋은 아이는 학업 성취가 높고, 학교 성적이 좋습니다. 학교 성적이 좋다는 것은 '학교에서 배운 것만으로, 다른 사람의 도

움을 많이 받지 않고 시험에서 매우 높은 성취를 이룬다'는 뜻입니다. 혼자 공부해서 90% 이상의 성취를 얻었다면 매우 건강하고 우수한 것입니다. 여기에 만족하지 못하는 부모의 욕심이 발동하거나 무조건 다른 사람들보다 앞서려는 마음이 더해져서 사교육이 발생합니다. 사교육은 어려서부터 일찌감치 학원 수업이나 과외 등을 받아야만 공부하게 만드는 의존적인 습성을 기르는 결과를 가져오게 됩니다. 눈앞의 결과에 급급하다 보면 사교육에 대한 의존도만 커지게 되며, 학년이 올라갈수록 끊기 힘든 상태로 빠져들게 됩니다. 악순환이 반복되는 구조입니다. 혼자 할 수 있도록 해야 합니다. 혼자 할 수 있는 능력을 길러 줘야 합니다.

이때 제일 필요하고 중요한 능력이 이해력입니다. 정보를 잘 받아들이고, 처리하고, 기억하는 능력이 있다면 공부를 못할 리 없습니다. 이해력이 좋으면 공부를 잘합니다. 혼자서도 잘할 수 있습니다. 특별히 문제 풀이를 반복하거나 여러 번 설명을 듣지 않아도 잘할 수 있게 되는 것입니다.

둘째, 이해력이 좋은 아이들은 여러 분야에 관심을 보이며, 결과도 좋고, 마무리도 잘합니다. 게다가 도전을 즐기지요. 이해력은 국어, 영어, 수학, 과학 등 모든 영역에 영향을 미칩니다. 악기를 배우거나 운동을 할 때도, 영어를 익히거나 로봇을 조립할 때도 도움이 됩니다. 수학 문제를 풀 때도, 글쓰기를 할 때도 관련이 있습니다. 이해력이 좋은 아이는 훨씬 쉽고, 빠르고, 정확하게 정보를 받아들이고 처리하기 때문에 여러 방면에서 탁월한 능력을 보입니다.

이런 마음을 '실행 의지'라고 합니다. '어떤 일을 해 보려는 마음'이라는 뜻입니다. 다른 말로 '용기'라고도 부릅니다. 어떤 일을 해 보고자 하는 마음, 어떤 일의 결과에 연연해하지 않는 마음이라는 의미지요. 이런 마음이 있어야 무언가를 해 볼 수 있습니다. 용기, 실행 의지가 없으면 아무 일도 할 수가 없습니다. 실패가 두려워 시도하지 않으면 성공의 기회는 아예 없는 것입니다. 그런데 이런 마음이 충만하더라도 '이해력'이라는 능력이 뒷받침되어 있지 않으면 성과를 거두기 어렵습니다. '용기'로 시작하지만 마무리는 '이해력'인 셈입니다.

셋째, 학교생활과 학습 활동에 잘 참여하며 결과도 좋고 다방면에 관심을 보이는 아이들은 여러 사람의 관심과 사랑을 받을 수 있습니다. 부모님과 선생님에게 인정받고, 친구들과의 관계도 좋습니다. 다른 사람들과 함께 어울려 잘 살기 위해서는 주변 사람들의 관심과 사랑을 받는 것이 꼭 필요합니다. 반사회석인 성향을 보이는 사람의 경우 타인과 대화나 접촉이 단절되어 있는 경우가 많습니다. 사람들과의 관계가 좋고, 대화가 많으며, 주변 사람의 관심과 사랑을 많이 받는 것은 사회적으로 매우 바람직합니다. 이런 사람들은 다른 사람들과 잘 어울려 살아가며 서로 이해하고, 서로의 마음을 살필 줄도 압니다. 우리 아이들이 그렇게 자랄 수 있었으면 좋겠습니다.

독서와 단짝인
대화와 체험

이해력을 기르는 가장 좋은 방법은 독서입니다. 독서와 함께 상호 보완적으로 좋은 역할을 하는 것이 대화와 체험입니다. 대화와 체험에 대해 조금 더 설명하겠습니다.

대화도 어휘와 문장을 늘리는 좋은 방법입니다. 그리고 대화는 인간관계를 잘 맺는 데 큰 도움이 됩니다. 누군가와 인간관계를 맺게 될 때는 '말을 건네는 것'부터 시작합니다. 망설임 없이 자기 의견을 드러낼 수 있도록 대화를 잘할 수 있는 능력을 기르는 것은 매우 중요합니다.

대화 능력을 기르는 가장 좋은 방법은 '엄마, 아빠와 함께 시작하는 스스럼없는 대화'입니다. 아이들이 언제 어디서든 말하고 싶을 때 말할 수 있도록 이끌어 주는 것이 중요합니다. 이런 과정에서 어휘와 문장, 배경지식이 커지고, 사람을 대하는 마음이 튼튼해지는 것입니다.

체험도 독서와 함께 어휘와 문장, 배경지식을 키우는 데 매우 도움이 됩니다. 독서와 대화를 통해 얻은 어휘와 문장, 배경지식은 체험을 통해 확인해야 합니다. 이렇게 하면 모든 것이 더 튼튼해집니다. 그래서 독서, 대화, 체험을 많이 하라고 하는 것입니다. 하지만 체험의 진가는 따로 있습니다.

청소년기는 모든 면에서 변화가 매우 심한 시기입니다. 전통적인 청소년기는 12세부터 17세를 말하는데, 모두 알다시피 아이에서 어른으로 성장하는 단계입니다. 곤충은 알, 애벌레, 번데기, 성충(어른 곤충)으로 변하는 완전 변태를 거치는데, 사람이 이런 단계를 거치며 성장한다면 아마도 청소년기는 번데기에 해당할 것입니다. 청소년기의 특성은 번데기와 닮은 데가 많습니다. 혼자 있기 좋아하고, 말수가 적어지며, 이 시기를 지나면 이전과는 완전히 다른 존재로 다시 태어납니다.

청소년기의 가장 큰 변화는 뇌의 전두엽에서 일어납니다. 전문가들은 이를 '전두엽이 리모델링된다'고 표현합니다. 리모델링은 매우 큰 변화입니다. 건물로 치자면 뼈대만 남기고 거의 모든 걸 새롭게 바꾸는 것이니까요. 하지만 관심을 가져야 할 것은 리모델링 재료입니다. 놀랍게도 전두엽의 리모델링 재료는 '7~12세까지의 체험'이랍니다. 이 시기 체험을 통해 강화된 뇌의 중추는 발달하는 데 비해, 체험으로 강화되지 못한 뇌의 중추는 없어진다는 의미입니다. 체험을 통해 의미가 있다고 인정되면 발달하지만, 쓸모없다고 판단되면 가지치기를 거쳐 아예 없애 버린다는 것입니다. 7~12세는 정확하게 초등학교 1~6학년까지의 시기입니다. 초등학교 시기는 체험이 매우 중요하다는 뜻입니다. 모든 것을 '몸을 움직여 직접 해 보며 익히는 과정'을 통해 미래를 준비하는 시기가 초등학교 시기입니다.

사람의 마음을 채우는 독서

책 읽기와
이해심의 발달

이해심은 주변 사람들에게 관심을 보이는 것에서 시작합니다. 달리 말하면 다른 사람에게 관심이 없는 사람은 이해심을 가질 수 없고, 이해심을 기를 수 없다는 뜻입니다. 사람 자체에 관심이 없는데 다른 사람을 받아들이거나 처지와 입장을 알아준다는 것 자체가 불가능하기 때문입니다. 이런 능력은 아주 어렸을 때부터 발달이 시작됩니다.

다른 사람의 마음, 처지와 입장을 알아주는 것을 다른 말로 '공감 능력'이라고도 합니다. 공감 능력이란 타인의 감정에 공감하는 능력을 말합니다. 이것을 정반대의 경우로 설명하면 이해하기 쉽습니다. 끔찍한 범죄를 저지르는 사람 중에 '사이코패스psychopath, 곧 반사회적 인격 장애라는 정신적 특성을 가진 사람들이 있습니다. 이들의 가장 큰 특징은 다른 사람의 감정에 대해 공감하는 능력이 전혀 없다는 것입니다.

사이코패스 성향을 보이는 사람들에게 웃는 얼굴 사진 3장과 우는 얼굴 사진 1장을 섞어 놓고 서로 다른 걸 고르라고 하면 잘 고르지 못합니다. 놀랍지요? 누구나 알고 있는 웃는 얼굴과 우는 얼굴의 차이와 특성을 모른다는 것입니다. 사람들이 기뻐하는지, 슬퍼하는지, 즐거운지, 아파하는지, 웃는지, 우는지를 구분하지 못하는 것이지요. 상대방 감정이 어떤 상태인지, 아픈지 슬픈지 느끼지 못하고 알 수 없으며, 그 가족이나 주변 사람들의 마음이 어떤지 공감할 수 없어서 눈 하나 깜짝하지 않고 끔찍한 범죄를 저지를 수 있는 것입니다.

학자들은 어떤 요인에 의해 사이코패스가 생겨나는지, 어떤 원인에 의해 그런 행동 특성을 보이는지 밝혀냈습니다. 놀랍게도, 아니 어쩌면 당연하게도 어렸을 때부터 겪은 신체적, 정서적인 학대가 가장 큰 원인이었습니다. 부모에게 충분한 사랑과 관심을 받지 못한 것이 원인이었던 것입니다.

영국의 소아과 의사이며 정신분석학자인 도날드 위니콧Donald Woods Winnicott의 대상 관계 이론에는 다음과 같은 내용이 있습니다. 사람이 태어나서 사랑이라는 감정이 생겨나려면 24개월 이전까지 홀딩(holding, 사랑스럽게 안아 주기)과 미러링(mirroring, 사랑하는 부모의 눈에 비친 자기 모습을 충분히 보기), 플레잉(playing, 함께 놀아 주기)을 충분히 거쳐야 한다고 합니다. 그러나 부모에게 학대받은 아이들은 이런 관계와 상태를 누릴 수 없습니다. 세상에 태어나면서 처음 만난 사람, 세상 누구보다도 중요한 사람인 부모와 제대로 된 관계를 맺지 못하고 사랑과 관심을 받지 못했기 때문에, 세상 누구에게도 관심이 없는, 또는 관심을 가질 수 없는 상태가 되어 버린 것입니다.

공감 능력을 기르는 가장 좋은 방법은 '공감'을 받는 것입니다. 어렸을 때부터 부모로부터 충분한 공감과 사랑을 받는 아이는 다른 사람을 공감하고 인정하는 능력을 자연스럽게 습득(체득)할 수 있습니다. 몸으로 받아들여 몸으로 기억하는 것입니다.

아이에게 가장 큰 영향을 미치는 사람은 말할 것도 없이 바로 부모입니다. 부모는 아이 성장의 전부입니다. '몸으로 가르치니 따르고, 말로 가르치니 반항심만 생긴다'는 말이 있습니다. 부모의 행동을 통해 배우는 것입니다.

감정적인 욕구도 신체적인 욕구와 같습니다. 사랑을 덜 받아서 사랑에 굶주린 것은 밥을 충분히 먹지 못해서 배가 고픈 것과 같다고 할 수 있습니다. 열흘 동안 굶은 사람에게 밥 한 그릇이 생긴다면, 그 사람은 하루 굶은 옆 사람에게 그 밥을 쉽게 나눠 줄 수 있을까요? 절대 불가능한 이야기입니다. 이는 인간이 할 수 있는 일이 아니고, 성자나 신의 영역인 것입니다. 평범한 사람이라면 내 배가 불러야 남이 배고픈 것을 돌아볼 수 있습니다. 감정적인 욕구도 마찬가지입니다. 사랑을 많이 받지 못한 아이가 다른 사람을 많이 사랑하기란 어려운 일입니다. 사랑을 많이 받은 사람은 감정적으로 안정되어 있으며, 사랑을 주는 대상으로부터 자연스럽게 사랑하는 방법까지 배우게 됩니다.

이런 일이 일어나는 이유는 우리의 뇌 속에 거울뉴런Mirror Neuron이 있기 때문입니다. 이 뉴런은 '함께 느끼고 따라 하기'를 통해 행동을 모방하거나 언어를 습득할 수 있게 해 줍니다. 직접 경험하지 않고 보거나 듣기만 해도, 그 행동을 직접 할 때와 똑같이 경험의 결과를 뇌에 남깁니다. 사회적으로 언어와 문화를 공유하여 누리고 발전시키기 위해 꼭 필요한 이 뉴런은 사회 안에서 다른 구성원들과 공감과 소통을 잘하면서 더 발달합니다. 가정, 학교, 사회에서 '공감'을 받는 것이 중요한 이유입니다. '정서는 공감을 통해 자란다'는 말도 꼭 기억해야 합니다.

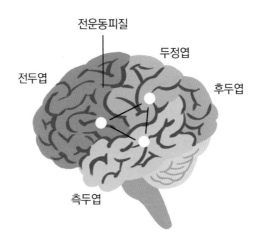

거울뉴런은 이탈리아 신경심리학자 리촐라티 교수가 원숭이의 다양한 동작을 관찰하면서 발견한 것이다. 그는 원숭이가 다른 원숭이의 행동을 보기만 하는데도 자신이 움직일 때와 마찬가지로 반응하는 뉴런이 있다는 것을 알아냈다. 거울뉴런은 그림처럼 세 군데에 분포한다고 알려져 있다.

공감 능력을 키우는 좋은 방법,
독서

부모의 사랑 말고도 공감 능력을 키울 수 있는 아주 좋은 방법이 있습니다. 바로 독서, 그중에서도 이야기 읽기입니다. 흔히 우리는 문학을 '사람들의 이야기'라고 말합니다. 인간이 살아가면서 겪게 되는 행복과 불행, 가난과 성공 등 모든 이야기가 고스란히 담겨 있지요. 우리는 책을 읽으며 다른 사람들의 삶에 대해 알게 되고, 다른 사람의 삶을 배웁니다. 책 속에 나오는 사람들의 삶과 '나'의 삶을 자연스럽게 비교해 보고, 많은 것을 알게 됩니다. 나 자신의 삶이 얼마나 풍요로운지, 결핍되어 있는지 스스로 느끼고, 나눠 주고 채워 가는 법을 배우는 것이지요. 책 속의 주인공이 부모 없이 고통과 아픔을 겪고 있다면, 우리는 부모로부터 충만한 사랑과 관심을 받았다는 사실을 알게 됩니다. 이와 반대로 주인공과 비슷한 가정환경이라면 견디기 힘든 삶의 고통도 나 혼자만 겪는 것이 아니라는 사실을 깨닫고 위안을 삼게 되지요. 책을 읽으면서 자연스럽게 알게 되고, 느끼게 되는 것입니다.

그뿐인가요. 책을 통해 수많은 사람 사이에서 벌어지는 다양한 사건과 사고, 인간관계와 감정들을 경험하고 공감할 수 있습니다. 좌절을 딛고 일어서는 사람을 통해 희망을 얻을 수 있고, 꿈을 이루는 사람을 통해 새로운 도전을 계획할 수 있습니다. 성공을 축하하고 함께하는 법과 다른 사람을 위로하며 마음을 어루만져 주는 법도 배우게 됩니다. 거울뉴런의 작용으로 이야기 속의 내용은 자신이 직접 경험한 것과 똑같이 기억 속에 저장됩니다.

책 읽기를 통해 만나는
또 다른 세상

독서는 부모가 가르쳐 주지 못한 것, 가르쳐 줄 수 없는 것을 채워 주기도 합니다. 어떤 부모든 자신이 가지고 있는 것 이상으로 아이들에게 해 주기는 어렵습니다. 그러니 부족한 것은 부모가 아닌 다른 사람들의 삶 속에서 배워야 합니다. 하지만 우리가 직접 만날 수 있는 사람들은 제한되어 있습니다. 경우에 따라 다르겠지만, 우리는 저마다 사는 환경에 따라 매우 제한적으로 사람들을 만날 수밖에 없습니다. 물론 어릴 때는 더욱 제한적입니다.

반면에 독서를 통해 만날 수 있는 사람은 무궁무진합니다. 지역과 시대를 뛰어넘는 만남이 이루어집니다. '책을 읽는 것은 한 사람의 인생을 만나는 것'이라는 말이 있지요. 사실입니다. 책 한 권은 그 책을 쓴 사람의 전부를 만나는 것과 같다고 할 수 있습니다. 책 속에 그 사람의 생각과 느낌을 담았기 때문이기도 하지만, 평생 한 권의 책을 쓰기도 어렵다는 점에서 맞는 말입니다. 그러니 책을 읽는 것은 다른 사람의 일생을 경험하는 것이나 마찬가지입니다. 이처럼 아이들은 사람들의 이야기(문학)

를 읽으며, 사람과의 관계를 익히며 공감 능력을 키워 나갑니다. 어떤 면에서 책은 부모보다 훨씬 넓고 깊은 세상과 인생을 가르쳐 주기도 합니다.

　이해심이 좋은 사람들은 당연히 인간관계가 좋습니다. 부모와 교사에게 인정을 받고, 여러 사람의 관심과 사랑을 받으며 다른 사람에게 관심을 보이니 인간관계가 좋을 수밖에 없습니다. 반사회적인 성향을 보이는 사람들의 특성 중 하나가 바로 대화나 접촉의 단절입니다. 인간관계가 좋은 사람은 타인과의 대화와 접촉이 언제 어디서나 자연스럽게 이루어지기 때문에 사회적으로 매우 바람직한 모습을 보입니다. 이런 사람들은 다른 사람들과 어울려 살아가는 모습을 보이며, 서로 이해하고 배려하며, 서로의 마음을 살필 줄도 알고, 고통은 나누며 기쁨은 함께할 줄 압니다. 타인의 마음을 살필 줄 아는 사람은 어느 자리에서나 환영받습니다. 그러니 더 잘 어울려 살 수 있고, 더욱 큰 사랑과 관심을 받게 됩니다. 이른바 사회적인 인간, 사회적으로 성숙한 인간으로 살 수 있는 것입니다.

과학적으로 증명된
독서의 힘

소설 읽기로
이해력과 이해심을 기르다

저는 독서와 이해력, 이해심의 관계에 대해 몇 년 동안 강의를 해 왔습니다. 하지만 이러한 내용은 경험과 체험에서 알게 된 것일 뿐, 과학적인 연구 결과에 따른 것은 아니었습니다.

그러던 어느 날, 신문에서 눈에 번쩍 뜨이는 기사를 보게 되었습니다. '뇌를 바꾸는 소설의 힘'(《조선일보》 2014년 1월 9일자)이라는 제목의 기사였는데, "소설에 나오는 주인공을 자신과 동일시하면 뇌 신경회로가 바뀌며, 문학성이 풍부한 소설은 사람을 이해하는 능력도 높인다."라는 것이 그 내용이었지요.

2014년, 미국 에머리대학 신경연구센터의 그레고리 번스 박사는 국제 학술지《뇌 연결성》Brain Connectivity에 "소설을 읽으면 뇌의 특정 부위에 변화가 나타나며, 이러한 변화는 소설을 읽고 난 후에도 최소한 며칠간 계속된다."라는 연구 결과를 발표했습니다. 연구팀은 대학생들에게 로버트 해리스Robert Harris의 소설 『폼페이』를 매일 밤 30페이지씩 읽게 하고, 다음 날 뇌의 fMRI를 찍어 보았습니다. 그 결과, 전날 밤 읽은 소설이 다음 날 아침까지도 뇌에 영향을 미친다는 사실을 확인했지요. 대학생들이 읽은 소설은 폼페이의 화산 폭발 사건을 주제로 한 것인데, 결국 소설을 읽는 동안 학생들의 뇌는 주인공과 같이 쏟아지는 화산재를 뚫고 연인을 찾아 헤맸던 셈입니다.

이 기사에서는 또 다른 연구도 소개하고 있었습니다. 미국 사회연구 뉴스쿨대학 심리학과 연구진이 국제 학술지《사이언스》Science에 발표한 것으로, "문학성이 높은 소설을 읽으면 남의 마음을 읽는 능력이 발달한다."라는 것이 그 내용이지요. 이들은 참가자들에게 문학성이 높은 소설, 대중소설, 비소설을 차례로 읽게 한 뒤 공감 능력이 어떻게 달라졌는지 시험했습니다. 그러자 문학성 높은 소설을 읽는 뒤 공감 능력이 가장 향상되고, 대중소설과 비소설은 그전과 별반 차이가 없음을 확인했지요. 연구진은 이러한 결과를 "대중소설은 인물을 평면적이고 예측 가능하게 묘사하지만, 문학성 높은 소설에는 현실처럼 속사정을 알기 어려운 복잡한 인물들이 등장하기 때문"이라고 설명했습니다.

두 가지 연구는 우리에게 큰 울림을 줍니다. 소설(문학, 이야기)을 읽으면 언어능력 및 경험과 관련된 뇌의 중추가 활성화되어 이해력이 좋아집니다. 문학성이 높은 소설(좋은 이야기책)을 읽으면 다른 사람의 감정 상태 변화를 잘 알아낼 수 있게 되어, 이해심을 키우는 데 도움이 됩니다.

이러한 연구 결과는 복음과 같은 소식이었습니다. 책을 읽는 것이 이해력과 이해심을 발달시키는 매우 좋은 활동이라고 설명해 왔던 저에게 이 같은 과학적인 연구 결과는 제 주장의 훌륭한 근거가 되었기 때문입니다.

독서,
통찰력을 기르는 가장 좋은 방법

독서를 통해 얻은 이해력과 이해심은 통찰력을 기르는 데도 도움이 됩니다. 통찰이라는 말의 뜻은 여러 가지가 있지만, 저는 '다른 사람의 관점으로 자신을 돌아볼 수 있는 힘'이라고 설명합니다. 흔히 관찰이나 고찰, 성찰과 헷갈리곤 하는데, 네 단어가 가진 의미는 많이 다릅니다.

먼저, 오감을 이용해서 대상(사물, 현상, 인물, 상황)을 살펴보는 것을 '관찰'이라고 합니다. 관찰한 내용을 이유나 근거, 관련성 등을 생각하며 살펴보는 것을 '고찰'이라고 하지요. 관찰과 고찰 내용을 나 자신과 관련하여 살펴보는 것이 '성찰'입니다. 그리고 이 모든 것을 다른 사람의 시선과 관점으로 자신과 연관지어 살펴보는 것이 바로 '통찰'인 것입니다.

다른 사람의 시선과 관점에서 살펴본다는 것은 나만의 관점에서 벗어날 수 있다는 뜻입니다. 나만의 관점에서 벗어나 다른 사람의 입장을 고려하여 생각할 수 있다는 의미지요. 곧 '문명 세계'에 속한 사람이라는 뜻입니다. 야만 세계가 나만의 생존, 나만의 욕구 충족을 위해 사는 세상이라면, 문명 세계는 함께 살아가며 사람다운 삶을 가능하게 하는 곳입니다. 인간·문명 세계에서는 세상을 타인의 관점에서 살펴봅니다. 동물의 세계, 야만의 세계에서 타인의 관점에서 생각하고 타인을 위해 배려하는 게 불가능하지요. 왜 굳이 이런 이야기를 하는지 의아해할지도 모르겠습니다.

독서는 통찰이 가능한 힘(통찰력)을 기르는 가장 좋은 방법입니다. 책을 읽으면서 우리는 자연스럽게 글쓴이의 입장에서 생각하게 되고, 다른 사람의 생각을 알게 됩니다. 내 생각과 다른 사람(글쓴이)의 생각을 비교하며, 생각이 서로 같거나 다를 수 있다는 사실을 깨닫게 되지요. 독서는 나만의 생각에 갇혀 있지 않도록 끊임없이 도와줍니다. 이런 과정이

되풀이되면서 생각이 확장되고, 타인의 관점으로 생각할 수 있는 능력이 발달합니다. 이를 '통찰력'이라고 합니다.

통찰력이야말로 독서가 가져다주는 가장 큰 선물이라고 할 수 있습니다. 현재 자신의 상태를 지각하고 받아들이는 것을 넘어서, 더 나은 목표를 향해 나아갈 수 있는 힘을 주거든요. 자신의 한계를 받아들이고, 미래를 위한 좋은 선택을 하게 되는 것이지요. 이렇듯 오랫동안 책은 사람들에게 '조용한 상담자' 역할을 해 왔습니다.

독서 치료,
독서로 마음을 치유하다

독서가 사람들의 마음을 치유해 줄 수 있다는 생각이 널리 퍼지면서, 1930년대 이후 사람들은 독서를 전문적인 정신 문제 치료에 활용하기 시작했습니다. 이러한 분야를 '독서 치료'bibliotherapy라고 합니다. 독서 치료라는 말은 '책'biblion과 '치료'therapia라는 그리스어에서 유래한 것으로, 정신적 치유와 회복을 위해 책을 활용하는 심리 치료 방법을 뜻합니다. 앞서 이야기한 문학(이야기)이 치료적인 특성을 가졌다는 가정에서 출발한 분야로, 책에 담겨 있는 생각이 독자의 정신적, 심리적 치료와 회복에 영향을 줄 수 있다는 개념이지요. 독서 치료는 읽기 요법, 독서 상담, 문학 치료, 독서 예방 등으로 불리기도 하는데, 의미는 모두 동일합니다.

이 개념이 생겨난 초기에는 주로 문헌 정보학 쪽에서 다뤄지다가 지금은 교육, 임상 의료(치료)에도 활용되고 있습니다.

　독서 치료의 가장 중요한 기제는 동일시, 통찰, 카타르시스입니다. '동일시'는 작품(이야기) 속에 등장하는 인물들의 태도나 감정, 행동을 마치 자기 자신이 직접 체험하는 것처럼, 등장인물과 동일한 감정을 느끼면서 자아의식도 함께 높여 나가는 방식으로 작동됩니다. 이런 과정이 반복되면 주인공과 나의 심리적, 정서적 문제들을 객관화할 수 있게 되면서 치료 효과가 발생하게 됩니다. 나만 아프고 슬픈 것이 아니라, 다른 사람들도 비슷한 어려움을 겪으며 살아가고 있다는 사실을 알게 되는 것이지요.

　'카타르시스'란 감정 정화라고도 하는데 자신의 감정을 언어나 행위 등으로 외부에 분출시킴으로써 증상을 없애려는 정신요법 기술입니다. 독서 치료에서는 작품 속 등장인물의 감정, 사고, 성격, 태도에 대한 느낌을 글이나 말 등으로 표현하게 하여 치료 대상자의 심리적, 정서적 문제를 해결할 수 있도록 합니다.

　'통찰'은 앞서 살펴보았듯이 지속적인 책 읽기와 치료 과정을 통해 자신의 문제를 객관적으로 깨닫게 하는 것을 말합니다. 자신이나 자신의 문제를 다른 사람의 시선과 관점에서 살펴보도록, 곧 적당한 거리를 두고 정확하게 들여다보게 해서 심리적, 정서적 문제를 해결하도록 하는 것입니다.

　문학, 곧 이야기에는 인간이면 누구든지 겪을 수 있는 보편적인 내용이 담겨 있습니다. 갈등과 어려움을 겪는 사람들의 이야기를 읽으며, 우리는 자신만 이런 어려움을 겪는 게 아니라는 사실을 깨닫게 됩니다. 때로는 주인공에게 위로를 받기도 하고, 때로는 나보다 더 힘들어하는 주인공에게 위로를 건네기도 합니다. 그러면서 우리는 다시 시작할 용기를 갖게 됩니다.

독서는
스트레스도 줄여 준다

독서가 가진 치료적 가치에서 볼 수 있듯이, 독서는 우리의 정신 건강에 좋은 영향을 줍니다. 2009년 영국 서섹스대학의 인지신경심리학과 데이비드 루이스David Lewis 박사 연구팀이 독서와 스트레스의 관련성에 관해 연구한 결과를 발표한 적이 있습니다. 루이스 박사는 스트레스를 줄이거나 해소할 수 있는 독서, 산책, 음악 감상, 비디오 게임 등의 활동들을 대상으로 실험하였습니다. 이 연구의 핵심은 이러한 활동을 하면서 심장 박동 수가 낮아지고, 근육 긴장이 풀어지는 순위에 관한 것이었습니다.

놀랍게도 스트레스를 가장 많이 줄여 주는 방법은 '독서'였습니다. 독서가 심장 박동 수를 낮추고, 근육 긴장을 풀어지게 한다는 사실을 과학적 증명한 것입니다. 스트레스를 받을 때 나오는 코르티솔 분비가 줄

어든 것입니다. 연구 결과에 따르면 독서는 68%나 스트레스를 감소시켰다고 합니다. 독서 외에 스트레스 감소에 영향을 주는 순서는 음악 감상, 커피 마시기, 산책, 게임이었다고 합니다. 그런데 게임은 심박 수를 높여 주기 때문에 오히려 근육의 긴장을 높이는 부작용도 있었습니다.

아이들도 이런저런 이유로 스트레스를 받습니다. 불안할 때도 있고, 긴장되는 순간도 있으며, 나름대로 걱정거리도 있습니다. 학교에서도, 가정에서도, 그리고 다른 곳에서도 스트레스를 받을 수 있습니다. 그런 스트레스를 독서가 줄여 줄 수 있다니 책을 읽도록 권해야 하는 이유가 또 하나 있는 셈입니다.

독서가 아이들에게 주는 최고의 선물, '건전한 인생관'

지금까지 과학적으로 증명된 독서의 힘을 살펴보았습니다. 독서는 이해력과 이해심을 길러 주고, 통찰력을 키워 주며, 정신적인 안정을 찾아 줍니다. 또 스트레스를 줄여 주기도 하지요. 이러한 독서의 힘은 결국 한 사람의 인생관에 영향을 줍니다. 책을 읽으며 많은 이들은 만나고, 그들의 삶을 보면서, 자신의 삶이 어떤 모습이어야 하는지 그려 나가는 것이지요. 그러니 좋은 책을 많이 읽은 아이들은 건전한 인생관을 갖게 마련입니다.

건전한 인생관이란 '자기 주변의 부족한 여건을 탓하지 않고, 주어진 삶을 긍정적으로 받아들이며 희망을 안고 살아가려는 마음가짐'이라고 설명할 수 있습니다. 물론 건전한 인생관은 책뿐 아니라 주변 사람들의 삶의 모습을 보며, 들으며, 느끼며 배울 수도 있습니다. 부모나 주변 사람들이 삶을 대하는 자세나 마음가짐을 받아들이는 것이죠. 그런데 이게 말처럼 쉽지는 않습니다. 쉽지 않은 이유를 설명해 보겠습니다.

첫째, 부모들에게서 배울 점이 없거나 적을 수 있습니다. 부모들도 인간이기 때문에 인간적인 결핍이나 상처, 한계가 있을 수밖에 없기 때문입니다. 더구나 자녀 입장에서는 부모를 선택할 수도 없고, 영향력에서 벗어날 수도 없다는 점에서 더욱 그렇습니다.

둘째, 가장 어려운 점은 부모들의 삶이 길고, 현재 진행형이기 때문입니다. 아이들의 성장은 매우 빠릅니다. 부모들과 함께 살면서 적절한 시기에 좋은 영향을 받기란 쉬운 일이 아니라는 뜻입니다. 언제, 어떻게, 어떤 영향을 필요로 하는지 알 수 없고, 부모들이 아이들에게 줄 수 있는 삶의 메시지가 뚜렷하지 않을 수도 있습니다.

이에 비해 책에 담긴 이야기는 단순하고, 짧은 시간에 진행과 결말을 확인할 수 있습니다. 이야기 속 주인공이나 등장인물의 삶을 배우기가 상대적으로 쉽기도 하고요. 아이들에게 건전한 인생관을 심어 주는 이야기는 일반적으로 어떤 구조를 갖는지 살펴볼까요?

첫째, 이야기의 주인공이 어려서부터 심한 삶의 결핍을 겪습니다. 부모님이 안 계시거나 멀리 떨어져 있고, 가난하고, 아프고, 주변 사람들의 핍박도 심합니다. 주인공은 그런 삶을 받아들이고 꿋꿋하게 살아갑니다. 오히려 풍요로운 사람들보다 더욱 밝게 살아가지요.

둘째, 주어진 삶을 받아들이고, 묵묵히 성실하게 살아갑니다. 마치 아픔이나 슬픔 따위는 없다는 듯이 말입니다. '부모가 없거나 집이 가난한 것은 내가 결정한 것도 아니고 바꿀 수 있는 것도 아니니, 나는 그냥 열심히 살아갈 뿐'이라는 심정으로 성실하게 살아가는 것입니다.

셋째, 모험을 떠납니다. 주인공들은 어릴 때부터 크고 작은 여행을 떠납니다. 숲이나 동굴에 들어가고, 산을 넘어 다른 마을에도 가지요. 주인공의 모험은 지금 사는 곳을 벗어나 새로운 곳을 찾아 떠나는 것, 부모(주양육자)를 잠시 떠나 다른 곳에 가는 것입니다. 떠났다가는 다시 집으로 돌아오는 일을 반복합니다. 이는 나중에 부모와 떨어져 살아갈 수밖에 없는 '사회적 분리'의 연습입니다. 아이들은 주인공들의 이런 행동을 책으로 읽으면서 '떠나도 된다는 것, 다시 돌아갈 수도 있다는 것, 용기를 내야 한다는 것, 실패해도 괜찮다는 것' 등을 배웁니다. 이와 같은 홀로서기 연습을 많이 할수록 아이들은 용기를 내어 세상을 향해 도전하게 됩니다.

넷째, 모든 것을 친구로 여깁니다. 어른들과는 다르게 아이들에게는 편견이 없습니다. 어른, 동물, 괴물 등과도 친구가 됩니다. 심지어 사물들과도 친구처럼 마음을 나누며 지냅니다. 외모나 겉모습은 중요하지 않습니다. 개구리, 두꺼비, 흉측한 괴물, 용, 외계인, 길가에서 주운 알밤 하나, 곤충, 지팡이, 원숭이와도 친구가 됩니다. 아이들은 '내 마음에 거짓이 없으니 상대방도 그럴 거야'라고 생각합니다. 그러기 때문에 세상 모든 존재와 친구가 될 수 있다고 생각합니다. 주인공에게는 슬플 때도 기쁠 때도 함께 하는 단짝 친구가 있으며, 단짝 친구와 모험을 함께 떠나기도 합니다. 친구 없이 여행을 떠났다가도 여행 중에 친구를 사귀기도 합니다. 이런 이야기를 읽으면서 다른 사람들과 함께 어울려 사는 게 더 좋다는 사실을 알게 됩니다.

다섯째, 좋은 일을 합니다. 남을 도우려는 좋은 마음을 가지고, 친구들과 함께 좋은 일을 합니다. 이러한 주인공의 행동은 사람들끼리 돕고 살아가야 한다는 가치를 알게 해 줍니다.

여섯째, 좋은 일을 하고 복을 받습니다. 복을 받고 나서 그 복을 주변 사람들과 함께 나눕니다. 그 나눔은 더 큰 복을 받게 해 줍니다. 복을 받으려고 착한 일을 한 것은 아닙니다. 좋은 일을 하고 나니 결과적으로 복을 받게 되는 것입니다.

일곱째, 이런 과정을 거쳐 온 주인공이 가족과 행복하게 살아가는 모습으로 이야기가 끝납니다.

아이들이 읽는 이야기책을 압축시켜 보면 '불우한 가정환경에 태어난 주인공이 고난을 극복하며 성실하게 살아가다가, 복을 받아 행복하게 잘 사는 삶의 여정'이라고 할 수 있습니다. 사실 이러한 장치(구조)는 어른(작가)들이 이야기 속에 만들어 놓은 것입니다. 아이들이 그렇게 살아가길 바라는 마음에서 그런 것이지요.

이런 삶의 과정을 믿고 꿋꿋하게 살아가는 마음을 '건전한 인생관'

이라고 말합니다. 삶이 어렵고, 힘들어도, 마음이 아파도, 집이 가난해도 받아들이고 사는 겁니다. 태어나 보니 부모가 안 계시고, 태어나 보니 집이 가난한 걸 어떻게 하겠습니까. 자신이 결정할 수 없는 일 때문에 너무 힘들어하면 안 됩니다. 이와는 반대로 '부모가 없어서, 가난해서, 키가 작아서, 뚱뚱해서, 얼굴이 못생겨서' 등의 핑계를 대며 자기 삶을 함부로 하는 것은 '비관적인 인생관'이라고 합니다.

건전한 인생관을 갖게 하는 것이 좋을까요, 비관적인 인생관을 갖게 하는 것이 좋을까요? 당연히 건전한 인생관을 갖는 것이 좋겠지요? 이야기 읽기는 아이들이 부모나 가정의 결핍을 딛고 일어서서 '건전한 인생관'을 갖게 하는 데 매우 좋은 방법입니다. 이야기의 진정한 위대함은 바로 여기에 있습니다.

4장

독서에 대한 오해와 진실

글자만 읽을 줄 알면
어떤 책이든 읽을 수 있다?

글자만 읽을 줄 알면 어떤 책이든 쉽게 읽을 수 있을까? 천만의 말씀이다. 예를 들어 의학 전문 서적은 어려운 의학 용어와 생물학적 지식이 없으면 이해하기 어렵다. 수준의 차이는 있어도 음악, 역사, 미술, 사회학 등 어느 분야나 마찬가지다. 그 분야의 책들 역시 우리가 읽을 수 있는 한글로 되어 있다. 글자는 읽을 수 있는데 뜻을 알 수 없을 뿐이다.

아이들의 경우도 마찬가지다. 어른들이 봤을 때는 충분히 이해할 수 있는 어휘나 문장으로 되어 있는 책일지라도, 읽는 아이가 모르는 어휘나 문장이 많이 들어 있다면 그 책은 읽을 수 없는 책이다.

독서에 대해 별로 중요하게 생각하지 않는 부모들은 흔히 책은 '알아서 읽는 것', '누가 가르쳐 주지 않아도 저절로 읽게 되는 것'이라 생각한다. 그리고 바로 이러한 생각에서 '글자만 읽을 줄 알면 누구나 책을 읽을 수 있다'는 오해가 생긴다.

하지만 이것은 지독한 오해다. 진정한 책 읽기는 이전까지의 책 읽기를 통해 꾸준히 쌓아 온 어휘력과 배경지식이 있어야 가능하다.

때가 되면
저절로 읽는다?

부모들이 가장 많이 하는 오해 중 하나다. 부모들은 독서에 대해 별다른 노력을 하지 않고 가만히 내버려 둬도 때가 되면 읽는다고 믿는 경향이 있다. 6학년이 되면 6학년 수준의 책을 척척 읽어 내고, 중학생이 되면 중학생 수준의 책을 척척 읽어 낼 것이라 생각한다. 물론 고등학생, 대학생이 되어서도 마찬가지다. 학년이 올라감에 따라 독서 수준도 자연히 높아질 것이라 생각하는데, 이것은 심각한 착각이다.

아이들이 시기별로 그에 맞는 독서 능력을 키우지 못하면, 다음 단계로 나아가기가 여간 힘든 게 아니다. 실제로 학교에는 생각보다 힘겹게 버티고 있는 아이들이 많다. 읽고 싶은데 읽지 못하는 아이들도 많고, 그

나이 대에 읽어야 할 책을 간신히 읽어 내는 아이들도 많다. 책을 읽어도 이해하지 못하고, 받아들이지 못하는 아이들은 말할 것도 없다. 겉으로 볼 때는 수업도 잘 듣고 문제도 잘 풀고 아무 문제가 없어 보여도, 잘 들여다보면 이런 아이들이 부지기수로 많다.

5~6학년쯤 된 아이가 책을 좋아하지 않는다면, 그 아이는 책을 안 읽는 것이 아니라 못 읽는 것이다. 자기 연령에 맞는 책을 읽어 낼 능력이 없기 때문에 책을 좋아하지 않을 확률이 높다. 내용을 이해하지 못하고, 끝까지 읽어 내지 못하는데 책을 좋아할 수 있을까? 절대 그럴 수 없다. 그렇기 때문에 책다운 책을 읽지 못하고, 자기 연령에서 읽어야 할 책보다 훨씬 수준이 낮은 책을 읽는 것이다.

그런데도 많은 부모가 아이가 자기 나이보다 수준이 낮은 책을 읽고 있더라도 크게 신경 쓰지 않는다. 더구나 학교 성적이 상위권이면 더더욱 걱정하지 않는다. 학생도 부모도 아무 걱정이 없다. 독서 능력이 공부에 어떤 영향을 미치는지 잘 모르기 때문이다.

독서가 모든 공부에 영향을 미치며, 학업 성취도를 높일 수 있는 지름길이라는 사실은 앞에서도 자세히 설명한 바 있다. 그런데도 독서에 관심이 적고, 그저 시간이 지나면 누구나 다 할 수 있는 평범한 활동이라고 생각하는 사람이 많다. 천만의 말씀이다. 독서는 시간이 지나면 저절로 할 수 있는 게 아니라, 오랜 시간 동안 꾸준히 노력해야 할 수 있는 것이다. 탑을 쌓듯이 어휘와 문장을 하나하나 읽고 머릿속에 차곡차곡 쌓아 가야 하는, 시간과 인내를 필요로 하는 것이 바로 독서다.

매일매일 골고루
읽어야 한다?

일단 '책을 골고루 읽어야 한다'는 말은 맞다. 여러 분야의 책을 다양하게 읽어 보고, 그 가운데 흥미 있는 분야를 찾도록 해야 한다는 면에서 맞는 말이다. 그러나 골고루 읽어야 한다는 말의 의미를 '매일 다양한 분야의 책을 골고루 읽어야 한다'로 해석해서는 안 된다.

흔히 음식을 매일 골고루 먹는 것처럼 책도 매일 골고루 읽어야 한다고 생각할 수 있다. 그래서 부모들은 아이들이 한 분야의 책만 집중적으로 읽으면 걱정부터 한다. '편식'에 대한 두려움 때문이다. 물론 편식은 영양의 불균형을 가져오기 때문에 삼가야 한다.

하지만 독서에는 편식이 필요하다. 이것을 '편독'이라고 하는데, 한 분야의 책을 깊이 있게 집중적으로 읽는 것을 말한다. 한 분야의 책에 관심을 갖고 집중적으로 파고드는 것은 독서 흥미가 높기 때문이며, 독서 능력도 일정 수준에 이르렀다는 뜻이다. 또한 편독은 또 다른 편독을 불러온다. 그리고 그런 '편독들이 모여 골고루 읽는, 균형 잡힌 독서'가 된다. 이것이 바로 '책을 골고루 읽는다'는 말의 진정한 의미다.

어느 한 분야에 대한 편독은 그 분야에 대한 깊은 흥미임을 잊지 말고, 그 분야의 책을 충분히 읽도록 권장해야 한다. 엄마의 걱정 때문에 아이의 '몰입'을 방해해서는 안 된다.

목적 없는 독서는
방황이다?

사람들은 대부분 독서든 운동이든 어떤 목적이 있어야 한다고 생각
한다. 무언가를 얻어내기 위해서 해야 한다는 것이다. 그래서 '목적 없는
독서' 역시 '시간 낭비'라고 생각하기 쉽다. 그러다 보니 많은 부모가 목
적 있는 독서, 즉 학습을 위한 독서만 강조하고 아이들의 흥미는 무시한
다.

사람이 어떤 일을 할 때는 '해야 하기 때문에' 하기도 하지만 '좋아서'
하기도 한다. 물론 두 가지 중에서 더 강렬하고 지속적인 것은 '좋아서'
하는 경우다. 어른이든 아이든 마찬가지다. 사람은 좋아하는 것을 잘하
고, 잘하면 더 좋아하게 된다.

그런데 좋아하기도 전에 목적을 정해 놓고 억지로 책을 읽게 만들면

싫증부터 나기 쉽다. 이는 아이들에게 부담으로 다가오기 때문에, 결국 책에서 손을 놓게 만든다. 그러니 제발 아이들에게 목적 없는 독서를 권하자. 아무런 목적 없이 즐겁게 책을 읽는 것이, 결국엔 목적을 이루는 데도 도움이 된다는 사실을 기억하자. 목적 없는 독서는 방황이 아니며, 시간 낭비도 아니라는 사실에 눈을 떠야 한다. 아이들의 경우에는 특히 그렇다. 좋아서 읽는다는데 무엇을 더 바라겠는가?

독서 능력과 학습 능력은
별개다?

    독서를 많이 하면 뇌가 근본적으로 변한다. 뇌의 여러 부분이 활성화되는 동시에, 뇌 신경이 보다 빠르고 정확하게 정보를 전달할 수 있도록 발달한다. 따라서 책을 많이 읽은 아이들은 정보 처리 능력이 뛰어나, 책을 읽지 않은 아이들보다 훨씬 빠르고 쉽게 지식을 습득한다.

    그래서 독서 능력을 갖춘 아이들은 초등 고학년이 되고, 중·고등학교에 올라갈수록 더욱 뛰어난 학습 능력을 발휘한다. 물론 책을 많이 읽었더라도 학교 공부에 시간과 노력을 들이지 않으면 좋은 성적이 나올리 없다. 게다가 작은 실수도 용납하지 않는 현 입시 체제에서는 사고력보다 반복·암기 능력이 중요하기 때문에, 모든 과목을 다 잘하기 위해서는 별도의 노력이 필요하다. 아이들의 흥미나 적성에 맞지 않으면 일부 과목은 어려움을 겪을 수도 있다.

그러나 기본적으로 같은 시간에 같은 과목을 공부하더라도 독서 능력을 갖춘 아이들이 훨씬 더 빠르고 쉽게 좋은 효과를 거둘 수 있다. 꾸준한 독서 훈련을 통해서 학습에 필요한 계산력, 기억력, 주의력, 집중력, 지속력 등을 길러 왔기 때문이다. 독서 능력은 곧 학습 능력이다.

독서도 어느 날 갑자기
잘할 수 있다?

독서도 장대높이뛰기처럼 한 번에 잘해 낼 수 있을까? 지금 당장은 잘하지 못하더라도 어느 날 갑자기 잘할 수 있게 된다면, 그래서 오랜 시간 준비하지 않아도 된다면 얼마나 좋을까? 그러나 독서의 과정을 살펴보면 절대로 그렇게 될 수 없다는 사실을 알 수 있다.

독서는 유추의 과정이다. 이제까지 읽은 책에서 얻은 어휘와 문장, 배경지식을 바탕으로 앞으로 읽어야 할 내용을 미루어 짐작하는 과정이라는 뜻이다. 따라서 어휘와 문장, 지식을 차근차근 쌓지 않고 어느 날 갑자기 독서에 통달한다는 것은 불가능한 일이다.

따지고 보면 장대높이뛰기도 마찬가지다. 한 번의 도움닫기와 도약으로 높이 있는 장대를 단번에 뛰어넘는 운동이 장대높이뛰기이지만,

장대높이뛰기 선수는 그 한 번의 도약을 위해 얼마나 많은 연습을 했을지 상상해 보라. 팔과 다리의 힘, 순발력, 지구력, 집중력 등에서 최고의 능력을 한순간에 발휘하기 위해 수없이 많은 시간을 훈련하고 연습했을 것이다.

독서 역시 한 계단씩 밟아 올라가야 한다. 어제 읽은 책, 오늘 읽고 있는 책이 앞으로 읽을 책의 디딤돌이 된다는 사실을 반드시 기억하자. 독서는 능력이다. 능력은 하루아침에 얻을 수 있는 게 아니다. 훈련과 연습을 통해서 길러지는 것이다.

독서 독립은
빨리 시키는 게 낫다?

독서 독립이란 혼자서도 책을 즐길 수 있고, 책의 내용을 이해할 수 있으며, 어떤 활동보다 독서에 대한 흥미가 앞서 있는 상태를 말한다. 모든 독서 교육이 최종적으로 지향하는 목표인 셈이다. 그렇다고 해서 독서 독립을 부모 욕심대로 억지로 서둘러 시킬 수는 없다. 종종 이 부분에서 엄마들의 조급성이 나타난다.

책을 처음 읽기 시작한 아이는 이제 막 걸음마를 배운 아이와 같다. 걸을 수는 있지만 빠르고 안전하게 걷기까지 시간이 필요하다. 그래서 엄마들은 아이가 걷기 시작하면 혼자서도 잘 걸을 수 있을 때까지 옆에서 도와주며 연습을 시킨다.

그런데 독서에 있어서는 엄마들이 전혀 다른 태도를 취한다. 책을 처음 읽을 때도 도와주지 않고, 이제 막 책을 읽기 시작한 아이들도 도와주지 않으며, 조금씩 책 읽기에 재미를 붙여 갈 때도 도와주지 않는다. 그러면서 혼자서 하는 것이 중요하다고 말한다.

물론 독립심을 기르는 것은 중요한 일이다. 하지만 이제 막 걷기 시작한 아이처럼 이제 막 책을 읽기 시작한 아이들에게 혼자서 책 읽기는 할 수 있는 요구는 아니다. 도와줘야 한다. 아이들이 혼자서도 너끈히 잘 읽을 수 있을 때까지 말이다. 이제 걸음마를 시작한 아이는 뛸 수 없고, 먼 길을 혼자 갈 수도 없다. 혼자 갈 수 있고, 혼자 뛸 수 있을 때까지 도와줘야 한다. 독서도 똑같다. 눈에 보이지 않을 뿐이다.

기록하지 않으면
남는 것이 없다?

많은 부모나 교사가 독서 감상문처럼 책을 읽은 뒤 무언가 기록해야 남는 게 있다고 생각한다. 강연회에서 그런 학부모나 교사를 만나면 나는 이렇게 묻는다.

"어머님은 영화를 보고 나서 늘 기록을 남기십니까? 아니면 아침, 점심, 저녁을 먹고 나서 늘 감상문을 쓰십니까?"

그러면 엄마들은 피식피식 웃는다. 할 말이 없기 때문이다.

꼭 기록을 남기지 않아도, 책을 읽고 있는 아이들의 머릿속과 마음속에는 많은 것이 새겨진다. 마치 대지의 식물을 자라게 하는 비처럼 독서도 아이들을 소리 없이 자라게 한다. 이러한 믿음을 가져야 한다.

하기 힘든 일, 하지 않아도 되는 일, 억지로 하면 오히려 해가 되는 일이 바로 독서 기록이다. 무언가를 남겨야 한다고 생각하니 조급해지고, 책을 읽을 때마다 무언가를 찾아내야 한다고 생각하니 부담이 된다.

독서 기록이 무조건 나쁘다는 이야기가 아니다. 그러나 무언가 눈에 보이는 형태로 남기기 위해서 숙제처럼 하다 보면 오히려 독서 흥미를 떨어뜨릴 수 있다는 사실을 반드시 기억하자.

책을 잘 읽으면
글도 잘 쓴다?

"우리 아이는 책은 잘 읽는데 글을 잘 쓰지 못해요. 왜 그런가요?"

엄마들이 흔히 하는 질문이다. 독서를 잘하면 저절로 글도 잘 쓸 수 있다고 착각하는 사람들이 의외로 많다. 책을 많이 읽으면 글쓰기에 도움이 되는 것은 사실이지만 무조건 글도 잘 쓰게 되지는 않는다. 글쓰기에도 연습이 필요하다.

그렇다면 어떻게 연습해야 좋을까? 글쓰기 연습은 실제로 글을 써보게 하는 것 외에는 방법이 없다. 가장 쉽고 편하게 쓸 수 있는 글이 무엇일까? 바로 일기다. 일기는 자기 주변에서 일어나는 일을 쓰는 것으로, 가장 쉬운 글이며 형식과 방법이 정해져 있지 않은 편한 글이다.

하지만 일기를 쓸 때도 처음부터 목적을 갖고 잘하려 애쓰지 말고,

조금씩 천천히 즐겁게 쓰게 해야 한다. 글자를 좀 틀려도, 글씨를 못 써도 상관없다. 내용이 짧아도 괜찮다. 시간이 지나면 잘 쓸 거라는 믿음을 갖고 꾸준히 쓰게 하는 것이 중요하다. 그러면 얼마 지나지 않아서 자기 삶을 둘러싼 것들에 대해 관심을 갖고, 이에 대한 생각을 담아 글을 쓸 수 있는 시기가 온다. 불과 1~2년 안에도 변화가 온다. 그때까지 관심을 보이며 기다려야 한다.

5장

책 읽는 아이로 키우기 위한 8단계 전략

책에 흥미를
갖게 한다

아이들은 원래 재미있는 일 이외에는 관심이 없다. 공부하는 것은 물론이고 자는 것, 먹는 것, 노는 것조차도 흥미가 있어야 한다. 이불이나 밥그릇에 좋아하는 만화 캐릭터를 넣는 것도 이러한 이유 때문이다.

책도 마찬가지다. 책 읽기를 계속하려면 가장 먼저 책 읽기가 재밌어야 한다. 흥미가 없으면 지속력이 떨어지고, 누가 볼 때는 책을 읽다가도 누가 보지 않거나 감시하지 않으면 책을 읽지 않게 된다.

사람은 좋아하는 것을 잘하고, 잘하는 것을 좋아한다. 아이들은 특히나 더 그렇다. 책 읽기가 얼마나 유익한지에 대해 이야기하기보다, 얼마나 즐겁고 재미있는 것인지 이야기해 주자. 그리고 학습에 도움이 되는 책보다 아이 스스로가 좋아하는 책, 흥미를 느끼는 책을 더 많이 읽도록 도와주자.

STEP 2

책을
읽어 준다

　책에 흥미를 느끼게 하는 가장 좋은 방법은 책을 읽어 주는 것이다. 책에 흥미가 있는 아이든 그렇지 않은 아이든 부모의 무릎에 아이를 앉혀 놓고 책을 읽어 주는 것은 정서적인 면에서도 매우 좋고, 책의 흥미를 높여 주는 데도 좋다.

　책 읽어 주기는 독서 흥미와 독서 태도에 좋은 영향을 미치고, 청각 주의력과 집중력을 높여 준다. 또 이야기를 즐기는 힘도 길러 주기 때문에, 책 읽기를 시작하는 아이에게 매우 유익한 활동이다.

　책 읽어 주는 것을 아이가 좋아한다면 3~4학년 때까지 계속해서 읽어 줘도 좋다. 그 뒤에는 책을 권하고 소개하여 독서 흥미를 지속시킬 수 있도록 도와주어야 한다.

TV, 컴퓨터, 스마트폰 등 독서를 방해하는 매체를 통제한다

TV와 컴퓨터 게임이 한편이 되어 독서와 경쟁하면 누가 이길까? 대부분 무조건 TV와 컴퓨터 게임이 이길 것이라고 생각한다. 하지만 실제로는 그렇지 않다. 먼저 시작한 것이 이긴다.

한창 성장하고 발달해야 할 아이들이 지나치게 TV를 많이 보거나 컴퓨터 게임에 몰두하는 것은 매우 위험하다. TV를 볼 때는 뇌 활동이 일어나지 않으며, 신체 활동도 거의 없다. 컴퓨터 게임은 도박과 유사하여 중독의 위험까지 안고 있다. 그래서 미국 중산층 가정에서는 아이들이 태어난 뒤 만 2~3세까지 절대로 TV를 보여 주지 않는 부모들이 많다. 요즘 많은 사람이 사용하는 스마트폰도 마찬가지다. 어쩌면 무감각하게 접근할 수 있다는 면에서는 TV나 컴퓨터보다 더 위험한 매체일 수 있다.

책 읽는 아이로 키우기 위해서는 TV, 컴퓨터, 스마트폰 등 독서를 방해하는 매체를 통제하는 것이 반드시 필요하다.

아이 주변에
책이 차고 넘치게 한다

"가장 좋은 독서 지도는 아이가 좋아할 만한 책을 아이 주변에 놔두는 것에서 시작된다."라는 말이 있다. 책 읽는 아이로 키우기 위해서는 아이가 손을 뻗는 곳마다 아이가 관심 가질 만한 책, 질 좋은 책들이 놓여 있어야 한다. 학교나 지역 도서관을 활용하여 책을 빌리는 것이 가장 편한 방법이지만, 반복해서 읽는 어린이들의 독서 특징을 감안하면 아이에게 내 책을 마련해 주는 것도 매우 중요하다. 내 책을 소유함으로써 독서에 애착을 갖게 되기 때문이다.

그러므로 경제 사정이 허락하는 한 최대한 책을 사 주는 것이 좋다. 물론 시기별로 읽어야 할 책을 모두 사거나 도서관에서 빌릴 수는 없기 때문에, 가까운 이웃이나 친척들에게 얻는 등 적극적으로 나서서 책을 구하는 게 좋다.

책을 읽고 나서
잘 읽었는지 확인하지 않는다

대부분의 부모들이 아이가 책을 읽은 뒤에 잘 읽었는지 확인하려고 한다. 그러나 이러한 행동은 아이에게 책 읽기에 대한 부담을 줄 수 있기 때문에 삼가야 한다. 아이들에게 책을 읽히는 것은 콩나물을 키우는 것과 같다. 콩나물시루에 검은 천을 덮고 주기적으로 물을 주면서 속살이 뽀얀 콩나물로 자랄 때까지 기다려 줘야 한다. 그러지 않고 콩나물시루를 덮고 있는 검은 천을 자주 들춰 보면 콩나물 대가리가 파래진다. 또 물을 제때 주지 않으면 억세고 잔뿌리가 많아지고, 한꺼번에 물을 많이 먹이겠다고 물에다 담가 놓으면 콩나물이 되지 못하고 썩게 된다.

독서 지도도 마찬가지다. 아이에게 부담을 주는 과도한 관심과 강요는 아이를 책으로부터 멀어지게 할 수 있다. 콩나물시루에 물을 주는 마음으로 꾸준히 책을 권하며 기도하는 마음으로 기다려야 한다.

책 읽을 시간을
확보해 준다

사람은 누구나 급한 일, 당장 해야 할 일부터 하게 된다. 아이들에게는 어른들이 당장 강조하는 일이 가장 중요한 일이다. 그렇게 되면 보통 덜 급하다고 생각되는 독서는 뒷전으로 밀리게 마련이다.

물론 독서 흥미, 독서 태도, 독서 능력을 갖춘 아이들은 바쁜 와중에도 틈틈이 책을 읽는다. 하지만 그렇지 않은 아이들은 바쁜 일과 속에서 여유를 갖고 책을 읽는다는 게 쉬운 일이 아니다.

그러므로 책 읽는 아이로 키우려면 아이들에게 책 읽을 시간을 확보해 줘야 한다. 아무것도 하지 않고 빈둥거릴 시간이 필요하다는 이야기이다. 그래야 마음껏 책을 읽을 마음의 여유도 생긴다.

엄마의 욕심대로 이것저것 시키느라 아이들을 바쁘게 해 놓고 책을 읽으라고 하는 것은 어불성설이다.

독서 수준을
높여 준다

　초등학생 시기에는 아이의 독서 수준을 정확히 파악하고, 독서 수준을 높일 수 있도록 도와줘야 한다. 이때 가장 중요한 시기가 초등학교 중학년 시기다. 빠른 아이들은 이미 중학년 시기 이전에 높은 독서 수준에 도달하지만, 보통 아이들은 중학년 시기 이후에야 어려운 책, 복잡한 책, 두꺼운 책을 읽어 낼 수 있는 능력이 생긴다. 어렸을 때부터 쌓아 온 독서 흥미, 독서 태도, 독서 능력이 겉으로 드러나는 시기도 바로 이때다.

　독서 수준이 어른과 크게 차이 나지 않는 시기로 접어드는 중학년 시기야말로 평생 독자의 길로 접어드느냐 마느냐 하는 갈림길이다. 그러므로 이 시기에 아이들에게 넓고 높은 책의 세계를 알려 주고 그 길을 향해 나아갈 수 있도록 도와야 한다. 아이가 좋아할 만한 책을 꾸준히 권하는 일, 책을 잘 읽고 있는지 관심 갖는 일, 책에 대해 함께 얘기하는 일, 책을 다 읽고 나면 기뻐하고 축하해 주는 일, 책을 잘 읽기 바라는 마음을 표현하는 일 등이 바로 우리가 할 수 있는 일이다.

책을 꾸준히
읽고 있는지 살핀다

어렸을 때 책을 좋아하던 아이들도 할 일이 많아지거나 바빠지면 책을 멀리하곤 한다. 많은 부모가 아이들이 어렸을 때는 독서를 중요하게 여기다가도 아이가 커 가면서 영어, 피아노, 바이올린, 발레, 수영 등 주변 사람들이 중요하다고 생각하는 것에 관심을 돌린다. 물론 모두 중요한 활동이다. 그러나 독서를 멈추고 해야 하는 일은 아니다.

독서의 중요성을 깊이 생각하지 않는 부모들은 이런 활동에 관심을 빼앗겨 독서를 소홀히 하게 되는 뼈아픈 잘못을 하게 된다. 독서는 이해력 향상에 직접적으로 영향을 미친다. 그리고 모든 학습의 밑바탕이 된다. 바이올린을 배울 때나 피아노를 배울 때도 영향을 미치며, 영어를 배우거나 수학 문제를 풀 때도 영향을 미친다. 독서는 이해력을 키워 주는 핵심적인 활동이기 때문이다. 독서를 소홀히 하면 안 된다.

'책읽어주기운동본부' 추천
연령별 읽어 주기 좋은 책 목록

0~3세 책 읽어 주기 추천 도서 목록

	제목	지은이	출판사
1	『괜찮아』	최숙희	웅진주니어
2	『구름똥』	탁소	꼬마싱긋
3	『그건 내 조끼야』	나카에 요시오 (그림 우에노 노리코)	비룡소
4	『까만 양 이야기』	김유강	알라딘북스
5	『나는 자라요』	김희경 (그림 염혜원)	창비
6	『나는 책이 좋아요』	앤서니 브라운	책그릇
7	『나는 토끼 폼폼』	롬	그린북
8	『내가 좋아하는 것』	앤서니 브라운	웅진주니어
9	『넌 사랑받기 위해 태어났단다』	릭 월튼 (그림 캐롤라인 제인 처치)	보물창고
10	『달님 안녕』	하야시 아키코	한림출판사
11	『달님 잘 자요』	나카지마 카오리	삼성출판사
12	『두드려 보아요』	안나 클라라 티돌름	사계절
13	『똑 닮았어』	김선영 (그림 한병호)	키위북스
14	『무지개 까꿍!』	최정선 (그림 김동성)	웅진주니어
15	『미용실에 간 사자』	브리타 테큰트럽	키즈엠
16	『바퀴 달린 수박』	김숙분 (그림 박진아)	가문비어린이
17	『병아리』	소야 키요시 (그림 하야시 아키코)	한림출판사
18	『비 오는 날 숲속에는』	타카하시 카즈에	천개의바람

19	『사과가 쿵』	다다 히로시	보림
20	『사랑하는 우리 아가!』	이상희 (그림 딕 부르너)	비룡소
21	『상자가 좋아』	송선옥	봄봄출판사
22	『새하얀 고양이』	수아현	시공주니어
23	『선이의 이불』	정하섭 (그림 이지은)	웅진주니어
24	『손이 나왔네』	하야시 아키코	한림출판사
25	『쉿 누구지?』	김지유 (그림 라우라 데오)	블루래빗
26	『아기 거북』	표영민 (그림 윤나라)	걸음동무
27	『아기가 아장아장』	권사우	길벗어린이
28	『아빠한테 찰딱』	최정선 (그림 한병호)	보림
29	『어디 숨었니?』	나자윤	비룡소
30	『엄마랑 뽀뽀』	김동수	보림
31	『예! 대답 놀이』	기무라 유이치	웅진주니어
32	『욕심쟁이 늑대』	키시라 마유코	북극곰
33	『우리 아가 사랑해』	김선영 (그림 김효은)	키위북스
34	『인사해요, 안녕!』	김선영 (그림 신성희)	키위북스
35	『잘 자라, 우리 아가』	존 버닝햄	비룡소
36	『잘 자요 달님』	마거릿 와이즈 브라운 (그림 클레먼트 허드)	시공주니어
37	『잘잘잘 123』	이억배	사계절
38	『재미있는 내 얼굴』	니콜라스 스미	보물창고
39	『주무르고 늘리고』	요시타케 신스케	스콜라
40	『짠! 까꿍 놀이』	기무라 유이치	웅진주니어
41	『찾았다!』	문승연	길벗어린이
42	『채소가 좋아』	이린하애 (그림 조은영)	길벗어린이
43	『친구 할까? 그래!』	김선영 (그림 오승민)	키위북스
44	『코~ 자자 코~ 자』	김선영 (그림 김현)	키위북스
45	『코코코』	한은영	책읽는곰
46	『토끼일까?』	크림빵 (그림 박경연)	키즈엠
47	『파랑이와 노랑이』	레오 리오니	물구나무 (파랑새어린이)
48	『파티에 간 사자』	브리타 테큰트럽	키즈엠
49	『한 입만』	경혜원	한림출판사
50	『호라이호라이』	서현	사계절

4~6세 책 읽어 주기 추천 도서 목록

	제목	지은이	출판사
1	『100개의 달과 아기 공룡』	이덕화	위즈덤하우스
2	『같이 삽시다 쫌!』	하수정	길벗어린이
3	『고구마구마』	사이다	킨더랜드
4	『고구마유』	사이다	킨더랜드
5	『고릴라 씨, 안 돼요!』	큐라이스	다림
6	『고맙습니다』	박정선 (그림 백보현)	한울림어린이
7	『고양이 피터』	에릭 리트윈 (그림 제임스 딘)	상상의힘
8	『곰 아저씨의 선물』	고혜진	국민서관
9	『곶감 줄게, 눈물 뚝!』	김황 (그림 홍기한)	천개의바람
10	『괜찮아 아저씨』	김경희	비룡소
11	『귀 없는 토끼』	클라우스 바움가르트 (그림 틸 슈바이거)	미래엔아이세움
12	『그럴 때가 있어』	김준영	국민서관
13	『그림자는 내 친구』	박정선 (그림 이수지)	길벗어린이
14	『깔깔 주스』	박세랑	노란돼지
15	『깜장 콩벌레』	김미혜 (그림 박해남)	비룡소
16	『꼬마 거미 당당이』	유명금	봄봄출판사
17	『꼬마 토끼가 도울게요』	존 보드	예림당
18	『꼭 안아 주고 싶지만…』	오언 매크로플린 (그림 폴리 던바)	비룡소
19	『꽃에서 나온 코끼리』	황K	책읽는곰
20	『꽃을 선물할게』	강경수	창비
21	『나는 내가 좋아요』	윤여림 (그림 배현주)	웅진주니어
22	『나무 로봇과 통나무 공주』	톰 골드	책읽는곰
23	『나의 두발자전거』	세바스티앙 플롱	봄볕
24	『나의 영웅, 대디맨』	미야니시 다츠야	달리
25	『난 내가 좋아!』	낸시 칼슨	보물창고
26	『난 자동차가 참 좋아』	마거릿 와이즈 브라운 (그림 김진화)	비룡소
27	『내 거야 다 내 거야』	노인경	문학동네

28	『내 마음이 철렁!』	자넷 A. 홈스 (그림 다니엘라 저메인)	책속물고기
29	『내가 슈퍼맨이라고?』	강성은 (그림 김숙경)	장영
30	『내가 오줌을 누면』	미야니시 다츠야	담푸스
31	『너도 사랑스러워』	윤여림	웅진주니어
32	『네가 일등이야!』	그렉 피촐리	토토북
33	『네모』	맥 바넷 (그림 존 클라센)	시공주니어
34	『누가 내 머리에 똥 쌌어?』	베르너 홀츠바르트 (그림 볼프 예를브루흐)	사계절
35	『눈아이』	안녕달	창비
36	『눈토끼의 크리스마스 소원』	레베카 해리	사파리
37	『달콤 쌉싸름한 파리 산책』	유키코 노라다케	국민서관
38	『당근 유치원』	안녕달	창비
39	『동그라미』	맥 바넷 (그림 존 클라센)	시공주니어
40	『딩동거미』	신성희	한림출판사
41	『떼굴떼굴 떼구르르』	에릭 리트윈 (그림 스콧 매군)	뜨인돌어린이
42	『마녀 위니가 윌버를 처음 만난 날』	밸러리 토머스 글 (그림 코키 폴)	비룡소
43	『마녀 위니의 크리스마스 대소동』	밸러리 토머스 글 (그림 코키 폴)	비룡소
44	『마법 침대』	존 버닝햄	시공주니어
45	『맛있는 구름 콩』	임정진 (그림 윤정주)	책읽는곰
46	『먹어도 먹어도 줄지 않는 죽』	최숙희	책읽는곰
47	『멋져 보이고 싶은 늑대』	오리안느 랄르망 (그림 엘레오노르 튀이예)	IBL
48	『멍멍 의사 선생님』	배빗 콜 보림	키즈엠
49	『모자가 좋아』	손미영	천개의바람
50	『뭐든 될 수 있어』	요시타케 신스케	위즈덤하우스
51	『바다 100층짜리 집』	이와이 도시오	북뱅크
52	『밥 먹자!』	한지선	낮은산
53	『배고픈 거미 』	강경수	그림책공작소
54	『부끄럼쟁이 꼬마 유령』	플라비아 Z. 드라고	비룡소
55	『브로콜리지만 사랑받고 싶어』	별다름·달다름 (그림 서영)	키다리

56	『빵이 되고 싶은 토끼』	마루야마 나오	스푼북
57	『산타 유치원』	우에하라 유이코	길벗스쿨
58	『세모』	맥 바넷 (그림 존 클라센)	시공주니어
59	『수박 수영장』	안녕달	창비
60	『수박씨를 삼켰어』	그렉 피졸리	토토북
61	『슈퍼 거북』	유설화	책읽는곰
62	『슈퍼 토끼』	유설화	책읽는곰
63	『신기한 우산 가게』	미야니시 다츠야	미래아이
64	『심장도둑』	사이다	사계절
65	『싸워도 우리는 친구!』	이자벨 카리에	다림
66	『아기 꽃이 펑!』	황K	사계절
67	『아기똥꼬』	스테파니 블레이크	한울림어린이
68	『아빠 쉬는 날』	차야다	북극곰
69	『아이스크림 걸음!』	박종진 (그림 송선옥)	소원나무
70	『엉뚱한 치약』	미야니시 다츠야	달리
71	『여우 빵과 고양이 빵』	오자와 타다시 (그림 초 신타)	바둑이하우스
72	『오늘부터 다시 친구』	나마 벤지만	불광출판사
73	『오싹오싹 팬티』	에런 레이놀즈 (그림 피터 브라운)	토토북
74	『왜 그래 , 돼지야』	미야니시 다츠야	문학수첩 리틀북
75	『왜냐면…』	안녕달	책읽는곰
76	『우리는 언제나 다시 만나』	윤여림 (그림 안녕달)	위즈덤하우스
77	『우와! 신기한 사탕이다』	미야니시 다츠야	계수나무
78	『우주로 간 김땅콩』	윤지회	사계절
79	『윌리와 휴』	앤서니 브라운	웅진주니어
80	『유치원에 처음 가는 날』	코린 드레퓌스 (그림 나탈리 슈)	키다리
81	『으라차차 라면 가게』	구도 노리코	책읽는곰
82	『으랏차차 꼬마 개미』	미야니시 다츠야	크레용하우스
83	『으악! 말씀씀귀가 나타났어요』	유시나 (그림 심보영)	쉼어린이
84	『이잘닦아공주와 이안닦아왕자』	이주혜	노란돼지

85	『이슬이의 첫 심부름 』	쓰쓰이 요리코 (그림 하야시 아키코)	한림출판사
86	『이파라파냐무냐무』	이지은	사계절
87	『장난감 먹는 괴물』	제시카마르티넬로 (그림 그레구아르마비르)	그린북
88	『젓가락 짝꿍』	에이미 크루즈 로젠탈 (그림 스콧 매군)	비룡소
89	『좋은 걸까? 나쁜 걸까?』	조안 M. 렉서 (그림 알리키 브란덴베르크)	풀빛
90	『진정한 일곱 살』	허은미 (그림 오정택)	만만한책방
91	『짖어 봐 조지야』	줄스 파이퍼	보림
92	『최고의 이름』	루치루치	북극곰
93	『친구의 전설』	이지은	웅진주니어
94	『코딱지 공주』	리주어잉	스마트베어
95	『토끼 베이커리』 시리즈	마츠오 리카코	지학사아르볼
96	『토끼의 당근 당근 당근』	케이티 허드슨	키즈엠
97	『파닥파닥 해바라기』	보람	길벗어린이
98	『팥빙수의 전설』	이지은	웅진주니어
99	『할머니 엄마』	이지은	웅진주니어
100	『행복한 ㄱㄴㄷ』	최숙희	웅진주니어

1학년 책 읽어 주기 추천 도서 목록

	제목	지은이	출판사
1	『901호 땅똥 아저씨』	이욱재	노란돼지
2	『가시 소년』	권자경 (그림 하완)	천개의바람
3	『감기 걸린 날』	김동수	보림
4	『감기 걸린 물고기』	박정섭	사계절
5	『감기벌레는 집 짓기를 좋아해』	미우	노란돼지
6	『강아지똥』	권정생 (그림 정승각)	길벗어린이
7	『개를 원합니다』	키티 크라우더	논장

8	『거미 아난시』	제럴드 맥더멋	열린어린이
9	『거미에게 잘해 줄 것』	마거릿 블로이 그레이엄	미니어장비
10	『거울 속에 누구요?』	조경숙 (그림 윤정주)	국민서관
11	『건물들이 휴가를 갔어요』	이금희	느림보
12	『경주에서 이기는 방법』	존 J. 무스	함께자람
13	『고 녀석 맛있겠다』	미야니시 타츠야	달리
14	『고릴라』	앤서니 브라운	비룡소
15	『고맙습니다』	박정선 (그림 백보현)	한울림어린이
16	『고양이 목에 방울 달기』	정하섭 (그림 유승하)	길벗어린이
17	『고양이 피터』	에릭 리트윈 (그림 제임스 딘)	상상의힘
18	『곰돌이 팬티』	투페라 투페라	북극곰
19	『공룡이 돌아온다면』	박진영 (그림 김명호)	씨드북
20	『괜찮아 아저씨』	김경희	비룡소
21	『괜찮아요 괜찮아』	하세가와 요시후미	내인생의책
22	『괴물 그루팔로』	줄리아 도널드슨 (그림 악셀 셰플러)	킨더랜드
23	『괴물들이 사는 나라』	모리스 샌닥	시공주니어
24	『구렁덩덩 새 선비』	신현수 (그림 이준선)	하루놀
25	『구름빵』	백희나	한솔수북
26	『구멍을 주웠어』	켈리 캔비	소원나무
27	『귀 없는 토끼』	클라우스 바움가르트 (그림 틸 슈바이거)	미래엔아이세움
28	『그럴 때가 있어』	김준영	국민서관
29	『그렇게 보지 마세요』	괵체 괵체에르 (그림 펠린 투르구트)	국민서관
30	『그림 그리는 여우』	카이야 판눌라 (그림 네타 레흐토라)	우리학교
31	『근데 그 얘기 들었어?』	밤코	바둑이하우스
32	『길 아저씨 손 아저씨』	권정생 (그림 김용철)	국민서관
33	『김수한무 거북이와 두루미 삼천갑자 동방삭』	소중애 (그림 이승현)	비룡소
34	『깊은 밤 부엌에서』	모리스 샌닥	시공주니어
35	『까치와 호랑이와 토끼』	이지현 (그림 사석원)	시공주니어

36	『깜박깜박 도깨비』	권문희	사계절
37	『꼬박꼬박 말대꾸 대장』	모린 퍼거스 (그림 친 렁)	찰리북
38	『꽁꽁꽁』	윤정주	책읽는곰
39	『꽃에서 나온 코끼리』	황K	책읽는곰
40	『꽉찬이 텅빈이』	크리스티나 벨레모 (그림 리우나 비라르디)	이마주
41	『꿀방귀 똥방귀』	원유순 (그림 유동관)	봄봄출판사
42	『꿈에서 맛본 똥파리』	백희나	책읽는곰
43	『나 노란 옷이 좋아』	이상희 (그림 이경석)	시공주니어
44	『나, 삐뚤어질 거야!』	허은실 (그림 조원희)	한솔수북
45	『나는 [ ]배웁니다』	가브리엘레 레바글리아티 (그림 와타나베 미치오)	책속물고기
46	『나는 착한 늑대입니다』	김영민	뜨인돌어린이
47	『나의 아기 오리에게』	코비 야마다 (그림 찰스 산토소)	상상의힘
48	『난 무서운 늑대라구』	베키 블룸	고슴도치
49	『난 커서 어른이 되면 말이야』	다비드 칼리 (그림 줄리아 파스토리노)	나무말미
50	『날개 잃은 천사』	마야	고래이야기
51	『내 귀는 짝짝이』	히도 반 헤네흐텐	웅진주니어
52	『내 동생 싸게 팔아요』	임정자 (그림 김영수)	미래엔아이세움
53	『내 동생은 외계인』	레이첼 브라이트	키즈엠
54	『내 동생은 외계인 푸파』	김현주 (그림 김호민)	장수하늘소
55	『내 멋대로 슈크림빵』	김지안	웅진주니어
56	『내 빤쓰』	박종채	키다리
57	『내 뼈다귀야!』	니콜라스 모르드비노프	시공주니어
58	『내 사과, 누가 먹었지?』	이재민 (그림 김현)	노란돼지
59	『내 생일에 공룡이 왔어!』	위혜정·고여주 (그림 김중석)	휴이넘
60	『내가 어른이 되면 말이야』	게턴 도레뮈스	걸음동무
61	『내가 영웅이라고?』	존 블레이크 (그림 악셀 셰플러)	사계절
62	『내가 올챙이야?』	다시마 세이조	계수나무
63	『내가 진짜 좋아하는 개 있어요?』	존 에이지	불광출판사

64	『내가 형이랑 닮았다고?』	정진이 (그림 소윤경)	사계절
65	『냄새 값, 소리 값』	이미영 (그림 홍혜정)	한국가우스
66	『너는 특별하단다』	맥스 루케이도 (그림 세르지오 마르티네즈)	고슴도치
67	『넉 점 반』	윤석중 (그림 이영경)	창비
68	『네 이름이 뭐라고?!』	케스 그레이 (그림 니키 다이슨)	로이북스
69	『네모』	맥 바넷 (그림 존 클라센)	시공주니어
70	『노스애르사애』	이범재	계수나무
71	『녹슨 못이 된 솔로몬』	윌리엄 스타이그	비룡소
72	『누가 나랑 같이 가 주겠니?』	호세 바예스테로스 (그림 오스카 비얀)	베틀북
73	『누가 내 머리에 똥 쌌어?』	베르너 홀츠바르트 (그림 볼프 예를브루흐)	사계절
74	『누가 사자의 방에 들어 왔지?』	아드리앵 파를랑주	봄볕
75	『누가 쥐를 구해 줄까요』	홀리 켈러	키득키득
76	『느끼는 대로』	피터 H. 레이놀즈	문학동네
77	『늦게 온 카네이션』	이순원 (그림 이연주)	북극곰
78	『달 샤베트』	백희나	책읽는곰
79	『달님을 빨아 버린 우리 엄마』	사토 와키코	한림출판사
80	『달라도 친구』	허은미 (그림 정현지)	웅진주니어
81	『달아난 수염』	시빌 웨타신하	보림
82	『당나귀 실베스터와 요술 조약돌』	윌리엄 스타이그	다산기획
83	『대포 속에 들어간 오리』	조이 카울리 (그림 로빈 벨튼)	베틀북
84	『더 높은 곳의 고양이』	이주혜	국민서관
85	『더 커지고 싶어』	조지프 테오발드	킨더랜드
86	『도깨비감투』	정해왕 (그림 이승현)	시공주니어
87	『도깨비를 빨아 버린 우리 엄마』	사토 와키코	한림출판사
88	『도둑맞은 토끼』	클로드 부종	비룡소
89	『도서관에 간 사자』	미셸 누드슨 (그림 케빈 호크스)	웅진주니어

90	『도서관의 비밀』	통지아	그린북
91	『동그라미』	맥 바넷 (그림 존 클라센)	시공주니어
92	『돼지꿈』	김성미	북극곰
93	『된장찌개』	천미진 (그림 강은옥)	키즈엠
94	『두더지 딸 신랑감 찾기』	윤선영 (그림 박경진)	곧은나무(삼성출판사)
95	『두더지의 소원』	김상근	사계절
96	『두더지의 여름』	김상근	사계절
97	『두발자전거 배우기』	고대영 (그림 김영진)	길벗어린이
98	『딸꾹』	홀리 스털링	키즈엠
99	『떡보먹보 호랑이』	이진숙 (그림 이작은)	한솔수북
100	『떨어질까 봐 무서워』	댄 샌탯	위즈덤하우스
101	『똥 벼락』	김회경 (그림 조혜란)	사계절
102	『똥은 참 대단해』	허은미 (그림 김병호)	웅진주니어
103	『똥자루 굴러간다』	김윤정	국민서관
104	『똥호박』	이승호 (그림 김고은)	책읽는곰
105	『뛰어라 메뚜기』	다시마 세이조	보림
106	『로지의 산책』	팻 허친스	봄볕
107	『마녀 위니』 시리즈	밸러리 토머스 (그림 코키 폴)	비룡소
108	『마리와 양 1·2·3』	프랑소와즈 세뇨보즈	지양어린이
109	『마법 식당』	김진희	비룡소
110	『마법에 걸린 병』	고경숙	재미마주
111	『마법 침대』	존 버닝햄	시공주니어
112	『마술 가루』	장 피에르 기예 (그림 질 티보)	다섯수레
113	『마술 연필』	앤서니 브라운과 꼬마 작가들	웅진주니어
114	『망태 할아버지가 온다』	박연철	시공주니어
115	『먹다 먹힌 호랑이』	강벼리 (그림 문종훈)	한림출판사
116	『멋진 뼈다귀』	윌리엄 스타이그	비룡소
117	『메리』	안녕달	사계절
118	『메리 크리스마스, 늑대 아저씨!』	미야니시 타츠야	시공주니어
119	『멸치 대왕의 꿈』	천미진 (그림 이종균)	키즈엠

120	『모두 내 거야!』	루 피콕 (그림 리사 시한)	키즈엠
121	『모치모치 나무』	사이토 류스케 (그림 다키다이라 지로)	주니어RHK
122	『목 짧은 기린 지피』	고정욱 (그림 박재현)	맹앤맹 (다산북스)
123	『목욕하기 싫어!』	키스 하비 (로렌 비어드)	꿈터
124	『몽땅 붙어 버렸어!』	올리버 제퍼스	주니어김영사
125	『무슨 꿈이든 괜찮아』	프르체미스타프	마루벌
126	『무슨 벽일까?』	존 에이지	불광출판사
127	『무지개 물고기』	마르쿠스 피스터	시공주니어
128	『무지개떡 괴물』	강정연 (그림 한상언)	단비어린이
129	『문어 목욕탕』	최민지	노란상상
130	『미안하고 고맙고 사랑해』	김영진	길벗어린이
131	『밀리의 판타스틱 모자』	기타무라 사토시	불광출판사
132	『바람이 좋아요』	최내경 (그림 이윤희)	마루벌
133	『반쪽이』	이미애 (그림 이억배)	보림
134	『발레 하는 할아버지』	신원미 (그림 박연경)	머스트비
135	『밥 안 먹는 색시』	김효숙 (그림 권사우)	길벗어린이
136	『방귀대장 조』	캐슬린 크럴·폴 브루어 (그림 보리스 쿨리코프)	다산기획
137	『뱀이 좋아』	황숙경	보림
138	『벗지 말걸 그랬어』	요시타케 신스케	스콜라
139	『변비책』	천미진	키즈엠
140	『변신! 고양이 도도』	이재민	노란돼지
141	『별을 삼킨 괴물』	민트래빗 플래닝	민트래빗
142	『보물섬을 찾아서』	데이비드 소먼 재키 데이비스	천개의바람
143	『북풍을 찾아간 소년』	백희나	시공주니어
144	『분홍 몬스터』	올가 데 디오스	노란상상
145	『불곰에게 잡혀간 우리 아빠』	허은미 (그림 김진화)	여유당
146	『비 안 맞고 집에 가는 방법』	서영	웅진주니어
147	『빨간 벽』	브리타 테켄트럽	봄봄출판사
148	『빨강 부채 파랑 부채』	홍영우	보리
149	『빵 공장이 들썩들썩』	구도 노리코	책읽는곰

150	『삐딱이를 찾아라』	김태호 (그림 정현진)	비룡소
151	『삐약이 엄마』	백희나	책읽는곰
152	『뻴릴리 범범』	박정섭 (그림 이윤남)	사계절
153	『사랑스러운 까마귀』	베아트리스 퐁따넬 (그림 앙트완 기요빼)	국민서관
154	『사소한 소원만 들어주는 두꺼비』	전금자	비룡소
155	『사윗감 찾는 두더지』	유타루 (그림 김선배)	비룡소
156	『사자 자격증 따기』	존 에이지	보물창고
157	『사탕 공장에 가지 마』	손동우	책과콩나무
158	『사탕괴물』	미우	노란돼지
159	『삼년고개』	정혜원 (그림 토리)	하루놀
160	『샌드위치 바꿔 먹기』	켈리 디푸치오 라니아 알 압둘라 왕비 (그림 트리샤 투사)	보물창고
161	『샌지와 빵집 주인』	로빈 자네스 (그림 코키 폴)	비룡소
162	『샘과 데이브가 땅을 팠어요』	맥 바넷 (그림 존 클라센)	시공주니어
163	『선녀와 나무꾼』	이경혜 (그림 박철민)	시공주니어
164	『선인장 호텔』	브렌다 기버슨 (그림 메건 로이드)	마루벌
165	『세모』	맥 바넷 (그림 존 클라센)	시공주니어
166	『세상에서 제일 힘센 수탉』	이호백 (그림 이억배)	재미마주
167	『소가 된 게으름뱅이』	한은선 (그림 한창수)	지경사
168	『수박씨를 삼켰어』	그렉 피졸리	토토북
169	『수영장 절대 안 가!』	스테파니 블레이크	한울림어린이
170	『수탉과 돼지』	이지수 (그림 이은열)	하루놀
171	『수호의 하얀 말』	오츠카 유우조 (그림 아카바 수에키치)	한림출판사
172	『숲 속으로』	앤서니 브라운	베틀북
173	『슈렉!』	윌리엄 스타이그	비룡소
174	『슈퍼 거북』	유설화	책읽는곰
175	『슈퍼 토끼』	유설화	책읽는곰
176	『승냥이 구의 부끄러운 비밀』	기무라 유이치 (그림 미야니시 타츠야)	효리원

177	『신발 신은 강아지』	고상미	위즈덤하우스
178	『싸움에 관한 위대한 책』	다비드 칼리 (그림 세르주 블로크)	문학동네
179	『쌍둥이 빌딩 사이를 걸어간 남자』	모디케이 저스타인	보물창고
180	『쓱콩이와 여우』	히노 가즈나리	한림
181	『아기 양들이 늑대를 알아채는 특별한 방법』	피터 벤틀리 (그림 메이 마츠오카)	스토리빌
182	『아기가 된 아빠』	앤서니 브라운	살림어린이
183	『아름다운 실수』	코리나 루켄	나는별
184	『아빠 어렸을 적엔 공룡이 살았단다』	뱅상 말론느 (그림 앙드레 부샤르)	어린이작가정신
185	『아빠 얼굴』	황K	이야기꽃
186	『아빠, 나 사랑해?』	바바라 M. 주세 (그림 바버라 라발리)	중앙출판사
187	『아빠, 더 읽어 주세요』	데이비드 에즈라 스테인	시공주니어
188	『아빠, 우리 고래 잡을까?』	임수정 (그림 김미정)	노란돼지
189	『아빠가 우주를 보여 준 날』	울프 스타르크 (그림 에바 에릭손)	크레용하우스
190	『아빠랑 있으면 행복해』	나딘 브룅코슴 (그림 마갈리 르 위슈)	상수리
191	『아빠를 버렸어요』	소중애 (그림 고우리)	봄봄출판사
192	『아이스크림 걸음』	박종진 (그림 송선옥)	소원나무
193	『아주 영리한 물고기』	크리스토퍼 워멀	비룡소
194	『악어도 깜짝, 치과 의사도 깜짝!』	고미 타로	비룡소
195	『안 내면 진다! 가위바위보』	오모리 히로코	북스토리아이
196	『알사탕』	백희나	책읽는곰
197	『알을 품은 여우』	이사미 이쿠요	한림출판사
198	『암행어사와 두혹이 영감』	완두콩 (그림 최희옥)	키즈엠
199	『앗! 따끔!』	국지승	시공주니어
200	『앤디와 사자』	제임스 도허티	시공주니어
201	『얘들아, 내가 보여?』	사버나 콜로레도 (그림 스비에틀란 유나코 비치)	노란상상

202	『어둠을 무서워하는 꼬마 박쥐』	게르다 바게너 (그림 에밀리오 우르베루아가)	비룡소
203	『어디서나 빛나는 댄디 라이언』	리지 핀레이	책속물고기
204	『어부와 아내』	그림형제 원작·김서정 (그림 오진욱)	시공주니어
205	『언제 고자질해도 돼』	크리스티안 존스 (그림 엘리나 엘리스)	책과콩나무
206	『엄마 까투리』	권정생 (그림 김세현)	낮은산
207	『엄마 껌딱지』	카롤 피브 (그림 도로테 드 몽프레)	한솔수북
208	『엄마 몸에 딱 달라붙는 요술 테이프』	박은경 (그림 김효주)	고래이야기
209	『엄마 아빠를 사랑하는 아주 특별한 방법』	조시 리먼 (그림 그레그 클라크)	내인생의책
210	『엄마가 간다!』	김진미	길벗어린이
211	『엄마가 달려갈게』	김영진	길벗어린이
212	『엄마가 섬 그늘에 굴 따러 가면』	이상교 (그림 김재홍)	봄봄출판사
213	『엄마가 안아 줘!』	솔다드 브라비	한울림어린이
214	『엄마는 우리 반 말썽쟁이』	모린 퍼거스 (그림 마이크 로워리)	키즈엠
215	『엄마의 스마트폰이 되고 싶어』	노부미	길벗어린이
216	『엉덩이 날씨』	사카마키 메구미	보랏빛소어린이
217	『에헴! 아저씨와 에그! 아줌마』	박미정	계수나무
218	『여름이 온다』	이수지	비룡소
219	『여우 비빔밥』	김주현 (그림 이갑규)	마루벌
220	『여우 나무』	브리타 테켄트럽	봄봄출판사
221	『옛날에 생쥐 한 마리가 있었는데…』	마샤 브라운	열린어린이
222	『옛날에 오리 한 마리가 살았는데』	마틴 워델 (그림 헬린 옥슨버리)	시공주니어
223	『오소리네 집 꽃밭』	권정생 (그림 정승각)	길벗어린이
224	『오싹오싹 당근』	에런 레이놀즈 (그림 피터 브라운)	주니어RHK

225	『오줌맨』	야프 로번 (그림 벤자민 르로이)	어린이북레시피
226	『오줌이 찔끔』	요시타케 신스케	위즈덤하우스
227	『와작와작 꿀꺽 책 먹는 아이』	올리버 제퍼스	주니어김영사
228	『완벽한 우리 아빠의 절대! 안 완벽한 비밀』	노에 까를랑 (그림 호녕 바렐)	바둑이하우스
229	『완벽한 아이 팔아요』	미카엘 에스코피에 (그림 마티외 모데)	길벗스쿨
230	『왕들의 나라』	툴리오 코르다	키즈엠
231	『왜 띄어 써야 돼』	박규빈	길벗어린이
232	『왜냐면…』	안녕달	책읽는곰
233	『용기를 내! 할 수 있어』	다카바타케 준코 (그림 다카바타케 준)	북뱅크
234	『우당탕탕, 할머니 귀가 커졌어요』	엘리자베트 슈티메르트 (그림 카롤리네 케르)	비룡소
235	『우락부락 염소 삼 형제』	폴 갈돈	시공주니어
236	『우리 다시 언젠가 꼭』	팻 지틀로 밀러 (그림 이수지)	비룡소
237	『우리 가족 납치 사건』	김고은	책읽는곰
238	『우리 동네 만화방』	송언 (그림 강화경)	키다리
239	『우리 엄마가 좋은 10가지 이유』	최재숙 (그림 문구선)	미래엔아이세움
240	『우리 집 식탁이 사라졌어요』	피터 H. 레이놀즈	우리학교
241	『윌리와 휴』	앤서니 브라운	웅진주니어
242	『으악, 도깨비다!』	손정원 (그림 유애로)	느림보
243	『으악, 곶감이다!』	박수연 (그림 고원주)	키즈엠
244	『의좋은 형제』	이현주 (그림 김천정)	국민서관
245	『이 잘 닦아 공주와 이 안 닦아 왕자』	이주혜	노란돼지
246	『이런 개구리는 처음이야!』	올가 데 디오스	노란상상
247	『이유가 있어요』	요시타케 신스케	주니어김영사
248	『일 One』	캐드린 오토시	북뱅크
249	『입이 똥꼬에게』	박경효	비룡소
250	『잘 혼나는 방법』	수전 이디 (그림 로잘랜드 보네)	풀과바람

251	『잘 가, 안녕』	김동수	보림
252	『장난감 형』	윌리엄 스타이그	비룡소
253	『장수탕 선녀님』	백희나	책읽는곰
254	『장화 신은 고양이』	샤를 페로 (그림 프레드 마르셀리노)	시공주니어
255	『재주 많은 다섯 친구』	양재홍 (그림 이춘길)	보림
256	『저런, 벌거숭이네!』	고미 타로	비룡소
257	『저승사자에게 잡혀간 호랑이』	김미혜 (그림 최미란)	사계절
258	『전설의 가위바위보』	드류 데이월트 (그림 애덤 렉스)	다림
259	『점』	피터 레이놀즈	문학동네
260	『제가 잡아먹어도 될까요?』	조프루아 드 페나르	베틀북
261	『줄무늬가 생겼어요』	데이빗 섀논	비룡소
262	『지각대장 존』	존 버닝햄	비룡소
263	『지옥탕』	손지희	책읽는곰
264	『지하철을 타고서』	고대영	길벗어린이
265	『진짜 친구』	구스노키 시게노리 (그림 후쿠다 이와오)	베틀북
266	『진짜 코 파는 이야기』	이갑규	책읽는곰
267	『짝꿍 바꿔 주세요!』	다케다 미호	웅진
268	『짝짝이 도깨비』	정진 (그림 이명옥)	책마중
269	『짧은 귀 토끼』	다원시 (그림 탕탕)	고래이야기
270	『짧은 귀 토끼와 눈치 없는 친구』	다원시 (그림 탕탕)	고래이야기
271	『쩌저적』	이서우	북극곰
272	『착한 엄마가 되어라, 얍!』	허은미 (그림 오정택)	웅진주니어
273	『착한 용과 못된 용』	크리스티네 뇌스틀링거 (그림 옌스 라스무스)	웅진주니어
274	『책 읽는 두꺼비』	클로드 부종	비룡소
275	『천만의 말씀』	스즈키 노리타케	북뱅크
276	『괜찮아, 천천히 도마뱀』	윤여림 (그림 김지안)	웅진주니어
277	『첫눈을 기다리는 코딱지 코지』	허정윤	주니어RHK
278	『초코가루를 사러 가는 길에』	박지연	JEI재능교육

279	『충치 괴물들의 파티』	라이코 (그림 에브 타를레)	아라미
280	『치과의사 드소토 선생님』	윌리엄 스타이그	다산기획
281	『친구가 미운 날』	가사이 마리	책읽는곰
282	『친구를 만난 날』	윤여림 (그림 서미경)	봄의정원
283	『친절한 호랑이 칼레의 행복한 줄무늬 선물』	야스민 셰퍼	봄볕
284	『침대 밑에 괴물이 있어요!』	안첼리카 글리츠 (그림 임케 죄니히젠)	웅진닷컴
285	『코딱지 마을의 손가락 침입 소동』	미르지크·모리소	담푸스
286	『테푸할아버지의 요술 테이프』	박은경 (그림 김효주)	고래이야기
287	『텔레비전을 끌 거야』	제임스 프로이모스	두레아이들
288	『텔레비전이 고장 났어요!』	이수영	책읽는곰
289	『토끼 뻥튀기』	정해왕 (그림 한선현)	길벗어린이
290	『토끼와 거북이 두 번째 경주』	프레스턴 러트 (그림 벤 레드리히)	미래아이
291	『토끼의 결혼식』	가스 윌리엄즈	시공주니어
292	『토끼의 당근 당근 당근』	케이티 허드슨	키즈엠
293	『토끼의 마음 우산』	최정현 (그림 김온)	꿈터
294	『토끼의 재판』	홍성찬	보림
295	『토선생 거선생』	박정섭 (그림 이육남)	사계절
296	『투명 인간이 되다』	잔니 로다리 (그림 알렉산드로 산나)	파랑새
297	『틀려도 괜찮아』	마키타 신지 (그림 하세가와 토모코)	토토북
298	『틀린 게 아니라 다른 거야』	최영미 (그림 유수정)	고래가숨쉬는도서관
299	『판다 목욕탕』	투페라 투페라	노란우산
300	『팔딱팔딱 목욕탕』	전준후	고래뱃속
301	『팥이 영감과 우르르 산토끼』	박재철	길벗어린이
302	『팥죽할멈과 호랑이』	박윤규 (그림 백희나)	시공주니어
303	『푸른 개』	나자	주니어파랑새
304	『프레드릭』	레오 리오니	시공주니어
305	『피아노 치기는 지겨워』	다비드 칼리 (그림 에릭 엘리오)	비룡소

306	『피튜니아, 여행을 떠나다』	로저 뒤바젱	시공주니어
307	『하나도 안 떨려!』	주디스 비오스트 (그림 소피 블랙올)	현암주니어
308	『하늘에서 음식이 내린다면』	쥬디 바레트 (그림 론 바레트)	토토북
309	『한 코 두 코』	이황희	계수나무
310	『할머니 엄마』	이지은	웅진주니어
311	『할머니에겐 뭔가 있어!』	신혜원	사계절
312	『할머니의 여름휴가』	안녕달	창비
313	『할아버지의 약속』	손정원 (그림 한병호)	느림보
314	『해치와 괴물 사형제』	정하섭 (그림 한병호)	길벗어린이
315	『행복한 사자』	루이제 파쇼 (그림 로저 뒤바젱)	시공주니어
316	『행복한 여우』	고혜진	달그림
317	『행복한 요정의 특별한 수업』	코넬리아 풍케 (그림 지빌레 하인)	비룡소
318	『호랑이 뱃속 잔치』	신동근	사계절
319	『호랑이가 준 보자기』	서정오 (그림 김은정)	한림출판사
320	『호랑이와 곶감』	김기정 (그림 김대규)	비룡소
321	『호랑이와 효자』	김창성 (그림 백성민)	이야기꽃
322	『호랭이 꽃방귀』	박윤규 (그림 이홍원)	계수나무
323	『혹부리 영감』	임정진 (그림 임향한)	비룡소
324	『화가 나서 그랬어!』	레베카 패터슨	현암주니어
325	『화가 난 수박 씨앗』	사토 와키코	한림출판사
326	『화내지 말고 예쁘게 말해요』	안미연 (그림 서희정)	상상스쿨
327	『화성에 무엇이 살까?』	존 에지	국민서관
328	『황금 똥을 눌 테야』	박성근 (그림 윤정주)	웅진주니어
329	『황소 아저씨』	권정생 (그림 정승각)	길벗어린이
330	『회사 괴물』	조미영 (그림 조현숙)	주니어김영사
331	『훨훨 간다』	권정생 (그림 김용철)	국민서관
332	『흔들흔들 다리에서』	기무라 유이치 (그림 히타 고시로)	천개의바람

2학년 책 읽어 주기 추천 도서 목록

	제목	지은이	출판사
1	『100만 번 산 고양이』	사노 요코	비룡소
2	『100원이 작다고?』	강민경 (그림 서현)	창비
3	『7년 동안의 잠』	박완서 (그림 김세현)	어린이작가정신
4	『901호 떵똥 아저씨』	이욱재	노란돼지
5	『가슴 뭉클한 옛날이야기』	김장성 (그림 권문희)	사계절
6	『가을 운동회』	임광희	사계절
7	『가을이네 장 담그기』	이규희 (그림 신민재)	책읽는곰
8	『간장 게장은 밥도둑』	이선주 (그림 박선희)	씨드북
9	『간장 공장 공장장』	한세미 (그림 대성)	꿈터
10	『감기 걸린 날』	김동수	보림
11	『감기 걸린 물고기』	박정섭	사계절
12	『감자 좀 달라고요!』	모린 퍼거스 (그림 듀산 페트릭)	책과콩나무
13	『개구리 왕자 그 뒷이야기』	존 셰스카 (그림 스티브 존슨)	보림
14	『개구리네 한솥밥』	백석 (그림 유애로)	보림
15	『개를 원합니다』	키티 크라우더	논장
16	『개미나라에 간 루카스』	존 니클	비룡소
17	『거미 아난시』	제럴드 맥더멋	열린어린이
18	『거미와 파리』	메리 호위트 (그림 토니 디털리치)	열린어린이
19	『거울 속에 누구요?』	조경숙 (그림 윤정주)	국민서관
20	『거인 사냥꾼을 조심하세요!』	콜린 맥노튼	시공주니어
21	『거짓말 세 마디』	이용포 (그림 김언희)	시공주니어
22	『거짓말』	고대영 (그림 김영진)	길벗어린이
23	『거짓말』	나카가와 히로타카 (그림 미로코 마치코)	길벗어린이
24	『거짓말쟁이 왕바름』	박영옥 (그림 유수정)	고래가숨쉬는도서관
25	『걱정 많아 걱정인 걱정 대장 호리』	나고시 가오리	씨드북
26	『겁쟁이 빌리』	앤서니 브라운	비룡소
27	『게으른 고양이의 결심』	프란치스카 비어만	주니어김영사

28	『고 녀석 맛있겠다』	미야니시 타츠야	달리
29	『고래들의 노래』	다이안 셀든 (그림 개리 블라이드)	비룡소
30	『고로야, 힘내』	후쿠다 이와오	미래엔아이세움
31	『고릴라 할머니』	윤진현	웅진주니어
32	『고릴라』	앤서니 브라운	비룡소
33	『고양이가 찍찍』	미야니시 다츠야	어린이나무생각
34	『공룡이 공짜』	엘리스 브로우치 (그림 데이비드 스몰)	주니어김영사
35	『괜찮아, 나의 두꺼비야』	이소영	글로연
36	『괴물들이 사는 나라』	모리스 샌닥	시공주니어
37	『괴물이 되고 싶어』	김향수 (그림 김효정)	스푼북
38	『구렁덩덩 새 선비』	이경혜 (그림 한유민)	보림
39	『구름을 팔아 행복을 샀어요』	민소미 (그림 소필우)	시리우스
40	『구조 바람』	로이 미키, 슬라비아 미키 (그림 줄리 플렛)	씨드북
41	『굴비 한 번 쳐다보고』	박완서 (그림 이종균)	가교
42	『그냥 꿈이야』	박나래	현북스
43	『근데 그 얘기 들었어?』	밤코	바둑이하우스
44	『금도끼 은도끼』	양혜원 (그림 김현수)	하루놀
45	『길 아저씨 손 아저씨』	권정생 (그림 김용철)	국민서관
46	『김수한무 거북이와 두루미 삼천갑자 동방삭』	소중애 (그림 이승현)	비룡소
47	『까마귀네 빵집』	가코 사토시	고슴도치
48	『깜박깜박 도깨비』	권문희	사계절
49	『꼬리를 돌려주세요』	노니 호그로지안	시공주니어
50	『꼬마 돼지』	아놀드 로벨 (그림 엄혜숙)	비룡소
51	『꼬박꼬박 말대꾸 대장』	모린 퍼거스 (그림 친 렁)	찰리북
52	『꼴찌라도 괜찮아!』	유계영	휴이넘
53	『꽁꽁 아이스크림』	윤정주	책읽는곰
54	『나, 이사 갈 거야』	아스트리드 린드그렌 (그림 일론 비클란드)	논장
55	『나, 삐뚤어질 거야!』	허은실 (그림 조원희)	한솔수북
56	『나는 당신을 사랑하고 있어요』	미야니시 타츠야	달리

57	『나는 뽀글머리』	야마니시 겐이치	비룡소
58	『나는 아빠가』	안단테 (그림 조원희)	우주나무
59	『나는 좀 다른 유령』	히도 반 헤네흐텐	풀과바람
60	『나는 착한 늑대입니다』	영민	뜨인돌어린이
61	『나는야 길 위의 악당』	줄리아 도널드슨 (그림 악셀 셰플러)	비룡소
62	『나도 편식할 거야』	유은실 (그림 설은영)	사계절
63	『나를 지켜 줘서 고마워』	카렌 영 (그림 노빌 도비돈티)	책과콩나무
64	『나만 몰랐던 잠 이야기』	허은실 (그림 이희은)	풀빛
65	『나무 도령 밤손이』	정해왕 (그림 이상윤)	을파소
66	『나무가 자라는 물고기』	김혜리	사계절
67	『나쁜 말 먹는 괴물』	카시 르코크 (그림 상드라 소이네)	그린북
68	『나의 왕국』	키티 크라우더	책빛
69	『난 무서운 늑대라구』	베키 블룸	고슴도치
70	『난 착한 아이가 되기 싫어』	카롤리네 케어	효리원
71	『난 터프해!』	에린 프랭클 (그림 파울라 히피)	키움
72	『난 형이니까』	후쿠다 이와오	미래엔아이세움
73	『날아라 현수야』	한성옥	웅진주니어
74	『낮도깨비, 낮도깨비, 나도깨비』	홍종의 (그림 김이주)	꿈터
75	『낱말 공장 나라』	아녜스 드 레스트라드 (그림 발레리아 도캄포)	세용출판
76	『내 귀는 짝짝이』	히도 반 헤네흐텐	웅진주니어
77	『내 동생 싸게 팔아요』	임정자 (그림 김영수)	미래엔아이세움
78	『내 얼룩무늬 못 봤니?』	선안나 (그림 이형진)	미세기
79	『내 이름은 둘째』	서숙원 (그림 김민지)	별글
80	『내 이름은 자가주』	퀸틴 블레이크	마루벌
81	『내 차를 운전하기 위해서는』	채인선 (그림 박현주)	논장
82	『내 친구의 좋은 점』	H@L (하루)	도깨비달밤
83	『내가 기르던 떡붕이』	소윤경	시공주니어
84	『내가 어제 우주에 다녀왔는데 말이야』	수간네 괴리히	책속물고기

85	『내가 엄마고 엄마가 나라면』	이민경 (그림 배현주)	현암주니어
86	『내멋대로 아빠 뽑기』	최은옥 (그림 김무연)	주니어김영사
87	『너무너무 무서울 때 읽는 책』	에밀리 젠킨스 (그림 염혜원)	창비
88	『넌 정말 멋져』	미야니시 타츠야	달리
89	『넘어』	김지연	북멘토
90	『네 모습 그대로 사랑해』	앤지 스미스 (그림 브리지 브루크셔)	예키즈
91	『눈 다래끼 팔아요』	이춘희 (그림 신민재)	사파리
92	『느끼는 대로』	피터 레이놀즈	문학동네
93	『늑대가 들려주는 아기 돼지 삼형제 이야기』	존 셰스카 (그림 레인 스미스)	보림
94	『늑대도 친구가 필요해』	김세실 (그림 이종미)	소담주니어
95	『늑대야 너도 조심해』	시게모리 지카	미운오리새끼
96	『니나와 밀로』	마리안느 뒤비크	고래뱃속
97	『단어 수집가』	피터 레이놀즈	문학동네
98	『달 샤베트』	백희나	책읽는곰
99	『달 청소 대작전』	김호남	센트럴라이즈드
100	『달 케이크』	그레이스 린	보물창고
101	『달팽이 학교』	이정록 (그림 주리)	바우솔
102	『당나귀 실베스터와 요술 조약돌』	윌리엄 스타이그	비룡소
103	『당나귀 알』	최래옥 (그림 홍성찬)	고려원북스
104	『대단한 방귀』	윤지	고래뱃속
105	『대머리 사자』	기무라 유이치 (그림 나카야 야스히코)	뜨인돌어린이
106	『대포 속에 들어간 오리』	조이 카울리 (그림 로빈 벨튼)	베틀북
107	『더 커다란 대포를』	후타미 마사나오	한림출판사
108	『도깨비감투』	정해왕 (그림 이승현)	시공주니어
109	『도깨비를 다시 빨아 버린 우리 엄마』	사토 와키코	한림출판사
110	『도깨비를 빨아 버린 우리 엄마』	사토 와키코	한림출판사
111	『도둑을 잡아라!』	박정섭	시공주니어
112	『도서관에 간 사자』	미셸 누드슨 (그림 케빈 호크스)	웅진주니어

113	『도서관에 간 외계인』	박미숙·최향숙 (그림 김중석)	킨더랜드
114	『도서관이 키운 아이』	칼라 모리스 (그림 브래드 스니드)	그린북
115	『동갑내기 울 엄마』	임사라 (그림 박현주)	나무생각
116	『동강의 아이들』	김재홍	길벗어린이
117	『동백꽃 섬 오동도』	강벼리 (그림 유기훈)	봄봄출판사
118	『돼지 루퍼스, 학교에 가다』	킴 그리스웰 (그림 발레리 고르바초프)	국민서관
119	『돼지가 주렁주렁』	아놀드 로벨 (그림 애니타 로벨)	시공주니어
120	『돼지책』	앤서니 브라운	웅진주니어
121	『두더지의 소원』	김상근	사계절
122	『둥지상자: 사람이 만든 새들의 집』	김황 (그림 이승원)	한솔수북
123	『딸랑새』	서정오 (그림 홍영우)	보리
124	『떡갈나무와 바오밥나무』	디미트리 로여 (그림 사빈 클레먼트)	지양어린이
125	『똥 도둑질』	정란희 (그림 홍영우)	휴먼어린이
126	『똥 벼락』	김회경 (그림 조혜란)	사계절
127	『똥떡』	이춘희 (그림 박지훈)	사파리
128	『마법의 여름』	하타 고시로·후지와라 카즈에	미래엔아이세움
129	『마음이 아플까 봐』	올리버 제퍼스	아름다운사람들
130	『막대기 아빠』	줄리아 도널드슨 (그림 악셀 셰플러)	비룡소
131	『만복이네 떡집』	김리리 (그림 이승현)	비룡소
132	『맛있다!』	테레세 브링홀름·잉에르 샤리스 (그림 레나 포쉬만)	계수나무
133	『망태 할아버지가 온다』	박연철	시공주니어
134	『맷돌, 어이가 없네!』	김홍신·임영주 (그림 지효진)	노란우산
135	『먹는 이야기』	고대영 (그림 김영진)	길벗어린이
136	『먹다 먹힌 호랑이』	강벼리 (그림 문종훈)	한림출판사
137	『멋진 뼈다귀』	윌리엄 스타이그	비룡소

138	『메리와 생쥐』	비벌리 도노프리오 (그림 바바라 매클린톡)	베틀북
139	『며느리 방귀』	이상교 (그림 나현정)	시공주니어
140	『모두를 위한 케이크』	다비드 칼리 (그림 마리아 덱)	창비
141	『몽당연필의 여행』	김수련 (그림 윤세열)	나한기획
142	『무엇이든 삼켜 버리는 마법 상자』	코키루니카	고래이야기
143	『무지개 물고기』	마르쿠스 피스터	시공주니어
144	『무지개떡 괴물』	강정연 (그림 한상언)	단비어린이
145	『문을 열어!』	황동진	낮은산
146	『문제가 생겼어요!』	이보나 흐미엘레프스카	논장
147	『뭔가 특별한 아저씨』	진수경	천개의바람
148	『미안 사탕』	마르야레라 렘브케 (그림 마인 노이만)	생각의 집
149	『미안하고 고맙고 사랑해』	김영진	길벗어린이
150	『민들레 사자 댄디라이언』	리지 핀레이	책속물고기
151	『밀가루 학교』	쓰카모토 야스시	라임
152	『밀리의 판타스틱 모자』	기타무라 사토시	불광출판사
153	『밍밍의 신기한 붓』	카테리나 찬도넬라	책빛
154	『발레 하는 할아버지』	신원미	머스트비
155	『발표는 괴로워』	이자연 (그림 최소영)	큰북작은북
156	『밥 안 먹는 색시』	김효숙 (그림 권사우)	천둥거인
157	『방귀 만세』	후쿠다 이와오	미래엔아이세움
158	『방긋 아기씨』	윤지회	사계절
159	『배고픈 꿈이』	김삼현	상출판사
160	『배꼽 구멍』	히세가와 요시후미	비룡소
161	『벽』	정진호	비룡소
162	『보이거나 안 보이거나』	요시타케 신스케	토토북
163	『봉지공주와 봉투왕자』	이영경	사계절
164	『부루퉁한 스핑키』	윌리엄 스타이그	비룡소
165	『부엌칼의 최대 위기』	미야니시 타츠야	미래아이
166	『부자가 된 삼 형제』	이현주 (그림 이수아)	비룡소
167	『북두칠성이 된 일곱 쌍둥이』	서정오 (그림 서선미)	봄봄출판사

168	『불곰에게 잡혀간 우리 아빠』	허은미 (그림 김진화)	여유당
169	『불만을 모으는 할아버지』	마라 록클리프 (그림 엘리자 휠러)	책과콩나무
170	『불만이 있어요』	요시타케 신스케	봄나무
171	『비닐봉지 하나가: 지구를 살린 감비아 여인들』	미란다 폴 (그림 엘리자베스 주논)	길벗어린이
172	『비닐봉지가 코끼리를 잡아 먹었어요』	김정희 (그림 이희은)	사계절
173	『비벼, 비벼! 비빔밥』	김민지 (그림 김고은)	미래아이
174	『빈 화분』	데미	사계절
175	『빗방울 공주』	뱅자맹 쇼	비룡소
176	『빨간 매미』	후쿠다 이와오	책읽는곰
177	『빨강 부채 파랑 부채』	홍영우	보리
178	『빨리빨리라고 말하지 마세요』	마스다 미리 (그림 히라사와 잇페이)	뜨인돌어린이
179	『삐딱이 고양이』	제이슨 카터 이튼 (그림 거스 고든)	주니어김영사
180	『사랑에 빠진 토끼』	말런분도.질트위스 (그림 E. G. 켈러)	비룡소
181	『사소한 소원만 들어주는 두꺼비』	전금자	비룡소
182	『삼년고개』	정혜원 (그림 토리)	하루놀
183	『삼신할미』	서정오 (그림 이강)	봄봄출판사
184	『샘과 데이브가 땅을 팠어요』	맥 바넷 (그림 존 클라센)	시공주니어
185	『선생님은 몬스터!』	피터 브라운	사계절
186	『세 강도』	토미 웅게러	시공주니어
187	『세 엄마 이야기』	신혜원	사계절
188	『세상에서 가장 멋진 내 친구 똥퍼』	이은홍	사계절
189	『세상에서 가장 큰 여자아이 안젤리카』	앤 이삭스 (그림 폴 오 젤린스키)	비룡소
190	『세상에서 가장 행복한 100층 버스』	마이크 스미스	사파리
191	『세상에서 제일 힘센 수탉』	이호백 (그림 이억배)	재미마주
192	『소가 된 게으름뱅이』	김기택 (그림 장경혜)	비룡소

193	『속이 뻥 뚫리는 유쾌한 명판결 이야기』	김은의 (그림 김이솔)	미래아이
194	『손 큰 할머니의 만두 만들기』	채인선 (그림 이억배)	재미마주
195	『솔직하면 안 돼?』	도나 W. 언하트 (그림 안드레아 카스텔라니)	풀빛그림아이
196	『쇠를 먹는 불가사리』	정하섭 (그림 임연기)	길벗어린이
197	『수영장에 간 아빠』	유진	한림출판사
198	『쉬잇! 다 생각이 있다고』	크리스 호튼	비룡소
199	『시몬의 꿈』	루스 마리나 발타사르	찰리북
200	『신기한 그림 족자』	이영경	비룡소
201	『신기한 비단』	정해왕 (그림 진강백)	시공주니어
202	『신기한 사탕』	미야니시 타츠야	계수나무
203	『신발이 열리는 나무』	박혜선 (그림 김정선)	크레용하우스
204	『심심해 심심해』	요시타케 신스케	주니어김영사
205	『싸움에 관한 위대한 책』	다비드 칼리 (그림 세르주 블로크)	문학동네
206	『쌍둥이 빌딩 사이를 걸어간 남자』	모디캐이 저스타인	보물창고
207	『쌍둥이는 너무 좋아』	염혜원	비룡소
208	『쌍둥이할매 식당』	우에가키 아유코	키위북스
209	『쓱콩이와 여우』	히노 가즈나리 (그림 사이토 타카오)	한림출판사
210	『씩씩한 마들린느』	루드비히 베멀런즈	시공주니어
211	『아기가 된 아빠』	앤서니 브라운	살림어린이
212	『아기 돼지 세 자매』	프레드릭 스테르	주니어파랑새
213	『아기장수 우투리』	서정오 (그림 이우경)	보리
214	『아낌없이 주는 나무』	셸 실버스타인	시공주니어
215	『아름다운 책』	클로드 부종	비룡소
216	『아빠 운전하기 면허증』	핼리 듀랜드 (그림 토니 퍼실)	그린북
217	『아빠! 머리 묶어 주세요』	유진희	한울림어린이
218	『아빠가 달라졌어요』	김미나	책과콩나무
219	『아빠가 용을 사 왔어요』	마거릿 마이 (그림 헬렌 옥슨버리)	현북스
220	『아빠의 이상한 퇴근길』	김영진	책읽는곰

221	『아씨방 일곱 동무』	이영경	비룡소
222	『아이스크림이 꽁꽁』	구도 노리코	책읽는곰
223	『아주 영리한 물고기』	크리스토퍼 워멀	비룡소
224	『안 내면 진다! 가위바위보』	오모리 히로코	북스토리
225	『안녕, 판다!』	질 바움 (그림 바루)	한울림어린이
226	『알렉산더: 큰일 날 뻔한 행운의 돼지』	한스 럼머 (사진 데이비드 크로슬리)	씨드북
227	『알몸으로 학교 간 날』	타이-마르크 르탕 (그림 벵자맹 쇼)	아름다운사람들
228	『알사탕』	백희나	책읽는곰
229	『앗, 깜깜해』	존 로코	다림
230	『애국가를 부르는 진돗개』	박상률 (그림 최재은)	보림
231	『애완 공룡을 키우고 싶어』	우테 크라우제	을파소
232	『야광귀신』	이춘희 (그림 한병호)	사파리
233	『양배추 소년』	초 신타	비룡소
234	『어느 날 아침』	로버트 맥클로스키	논장
235	『어떤 화장실이 좋아?』	스즈키 노리타케	노란우산
236	『어른들은 왜 그래?』	윌리엄 스타이그	비룡소
237	『어머니의 이슬털이』	이순원 (그림 송은실)	북극곰
238	『어처구니 이야기』	박연철	비룡소
239	『언제 고자질해도 돼?』	크리스티안 존스 (그림 엘리나 엘리스)	책과콩나무
240	『엄마 까투리』	권정생 (그림 김세현)	낮은산
241	『엄마 말 안 들으면 흰긴수염 고래 데려온다!』	맥 바네트 (그림 애덤 렉스)	다산기획
242	『엄마 아빠 결혼 이야기』	윤지회	사계절
243	『엄마 출입 금지!』	홍기운 (그림 김재희)	좋은책어린이
244	『엄마를 화나게 하는 10가지 방법』	실비 드 마튀이시왹스 (그림 세바스티앙 디올로장)	어린이작가정신
245	『엄마의 스마트폰이 되고 싶어』	노부미	길벗어린이
246	『엄마의 의자』	베라 B. 윌리엄스	시공주니어
247	『엄청나게 큰 병아리』	키스 그레이브스	푸른숲주니어
248	『엉덩이가 집을 나갔어요』	호세 루이스 코르테스 (그림 아비)	한길사

249	『여우 누이』	소중애 (그림 이용규)	을파소
250	『여우의 전화 박스』	도다 가즈요 (그림 다카스 가즈미)	크레용하우스
251	『연필 하나』	알랭 알버그 (그림 부루스 잉그만)	주니어김영사
252	『예술가가 되고 싶은 늑대』	오리안느 랄르망 (그림 엘레오노르 튀이예)	IBL
253	『옛날에 생쥐 한 마리가 있었는데…』	마샤 브라운	열린어린이
254	『옛날에 오리 한 마리가 살았는데』	마틴 워델 (그림 헬린 옥슨버리)	시공주니어
255	『옛날에는 돼지들이 아주 똑똑했어요』	이민희	느림보
256	『오소리네 집 꽃밭』	권정생 (그림 정승각)	길벗어린이
257	『오수의 개』	정하섭 (그림 김호민)	웅진주니어
258	『오싹오싹 당근』	에런 레이놀즈 (그림 피터 브라운)	주니어RHK
259	『오줌싸개 왕자』	귀퇼	책과콩나무
260	『와작와작 꿀꺽 책 먹는 아이』	올리버 제퍼스	주니어김영사
261	『완두』	다비드 칼리 (그림 세바스티앙 무랭)	진선아이
262	『완벽한 아이 팔아요』	미카엘 에스코피에 (그림 마티외 모데)	길벗스쿨
263	『왕따, 남의 일이 아니야』	베키 레이 맥케인 (그림 토드 레오나르도)	보물창고
264	『왜 나만 자라고 해요?』	티에리 르냉 (그림 바루)	한울림어린이
265	『왜 띄어 써야 돼』	박규빈	길벗어린이
266	『왜 맞춤법에 맞게 써야 돼?』	박규빈	길벗어린이
267	『왜 인사해야 돼?』	엘리센다 로카 (그림 크리스티나 로산토스)	노란상상
268	『왜요?』	린제이 캠프 (그림 토니 로스)	베틀북
269	『용감무쌍 염소 삼 형제』	아스비에른센·모에 (그림 마샤 브라운)	비룡소
270	『용돈 주세요』	고대영 (그림 김영진)	길벗어린이
271	『우리 반 목소리 작은 애』	김수현 (그림 소복이)	풀빛
272	『우리 아빠 직업은 악당입니다』	이타바시 마사히로 (그림 요시다 히사노리)	청어람아이

273	『우리 아빠』	앤서니 브라운	웅진주니어
274	『우리 엄마는 고래를 몰라요』	키아라 로렌초니·피노 파체 (그림 체칠리아 보타)	씨드북
275	『우리 집 식탁이 사라졌어요』	피터 H. 레이놀즈	우리학교
276	『우리 집엔 형만 있고 나는 없다』	김향이 (그림 이덕화)	푸른숲주니어
277	『우리 집은 너무 좁아』	마고 제마크	비룡소
278	『우리 형이니까』	후쿠다 이와오	미래엔아이세움
279	『우리는 학교에 가요』	황동진	낮은산
280	『우린 모두 기적이야』	R. J. 팔라시오	책과콩나무
281	『우주 전사 복실이』	한미호 (그림 김유대)	국민서관
282	『우체부 아저씨와 비밀 편지』	앨런 앨버그 (그림 자넷 앨버그)	미래아이
283	『원숭이 오누이』	채인선 (그림 배현주)	한림출판사
284	『원숭이의 하루』	이토 히로시	비룡소
285	『웬델과 주말을 보낸다고요?』	케빈 헹크스	비룡소
286	『으리으리한 유령의 집 사실래요?』	세키 유우코	현암주니어
287	『으악, 도깨비다!』	손정원 (그림 유애로)	느림보
288	『으악, 쥐다!』	한태희	키다리
289	『이건 내 모자가 아니야』	존 클라센	시공주니어
290	『이모의 결혼식』	선현경	비룡소
291	『이상한 고양이개』	노부미	길벗어린이
292	『이야기 귀신』	이상희 (그림 이승원)	비룡소
293	『이유가 있어요』	요시타케 신스케	주니어김영사
294	『일 One』	캐드린 오토시	북뱅크
295	『일곱 마리 눈먼 생쥐』	에드 영	시공주니어
296	『임금님과 아홉 형제』	아카바 수에키치	북뱅크
297	『임금님이 돌아오기 100초 전』	가시와바라 가요코	길벗스쿨
298	『입 냄새 나는 개』	대브 필키	푸른길
299	『입이 똥꼬에게』	박경효	비룡소
300	『잊었던 용기』	휘리	창비
301	『잘 가, 안녕』	김동수	보림

302	『장군님과 농부』	권정생 (그림 이성표)	창비
303	『장수탕 선녀님』	백희나	책읽는곰
304	『장화 쓴 공주님』	심미아	느림보
305	『재주 많은 다섯 친구』	양재홍 (그림 이춘길)	보림
306	『저승사자와 고 녀석들』	미야니시 타츠야	북뱅크
307	『저승에 있는 곳간』	서정오 (그림 홍우정)	한림출판사
308	『전설의 가위바위보』	드류 데이월트 (그림 애덤 렉스)	다림
309	『절대로 실수하지 않는 아이』	마크 펫·게리 루빈스타인	두레아이들
310	『점』	피터 레이놀즈	문학동네
311	『제가 잡아먹어도 될까요?』	조프루아 드 페나르	베틀북
312	『종이 봉지 공주』	로버트 먼치 (그림 마이클 마르첸코)	비룡소
313	『주먹이』	김종철	웅진주니어
314	『줄무늬가 생겼어요』	데이빗 섀논	비룡소
315	『줄줄이 꿴 호랑이』	권문희	사계절
316	『지각 대장 샘』	이루리 (그림 주앙 바즈 드 카르발류)	북극곰
317	『지각 대장 존』	존 버닝햄	비룡소
318	『지구를 위한 한 시간』	박주연 (그림 조미자)	한솔수북
319	『지옥탕』	손지희	책읽는곰
320	『진짜 친구』	구스노키 시게노리 (그림 후쿠다 이와오)	베틀북
321	『짚으로 만든 소』	우치다 리사코 (그림 발렌틴 고르디추크)	비룡소
322	『짝꿍 바꿔 주세요!』	다케다 미호	웅진
323	『짧은 귀 토끼』	다원시 (그림 탕탕)	고래이야기
324	『착한 어린이 이도영』	강이경 (그림 이형진)	도토리숲
325	『찬성』	미야니시 타츠야	시공주니어
326	『찰리가 온 첫날 밤』	에이미 헤스트 (그림 헬린 옥슨버리)	시공주니어
327	『책 만드는 마법사 고양이』	송윤섭 (그림 신민재)	주니어김영사
328	『책 읽는 두꺼비』	클로드 부종	비룡소
329	『책 읽어 주는 고릴라』	김주현	보림
330	『천둥 도깨비가 쿵』	시게리 카츠히코	노란우산

331	『청소부 토끼』	한호진	반달
332	『초코 가루를 사러 가는 길에』	박지연	JEI재능교육
333	『춤추는 운동화』	앨마 풀러턴 (그림 캐런 팻카우)	내인생의책
334	『치과 의사 드소토 선생님』	윌리엄 스타이그	비룡소
335	『치과에 상어를 데려가면 큰일 나요 큰일 나!』	쥬디 바레트 (그림 존 니클)	살림어린이
336	『치킨 마스크』	우쓰기 미호	책읽는곰
337	『친구랑 싸웠어!』	시바타 아이코 (그림 이토 히데오)	시공주니어
338	『케이티와 폭설』	버지니아 리 버튼	시공주니어
339	『코딱지 공주』	리주어잉	스마트베어
340	『코딱지 할아버지』	신순재 (그림 이명애)	책읽는곰
341	『코뿔소 한 마리 싸게 사세요!』	셀 실버스타인	시공주니어
342	『콧물끼리』	여기	월천상회
343	『쿵푸 아니고 똥푸』	차영아	문학동네
344	『탁탁 톡톡 음매~ 젖소가 편지를 쓴대요』	도린 크로닌 (그림 베시 르윈)	주니어RHK
345	『터널』	앤서니 브라운	논장
346	『토끼 뺑튀기』	정해왕 (그림 한선현)	길벗어린이
347	『토끼 뿅이 동화쓴 날』	후나자키 요시히코	천개의바람
348	『토끼와 늑대와 호랑이와 담이와』	채인선 (그림 한병호)	시공주니어
349	『토끼의 재판』	홍성찬	보림
350	『톰팃톳』	이상교 (그림 스베틀라나 우슈코바)	시공주니어
351	『틀려도 괜찮아』	마키타 신지 (그림 하세가와 토모코)	토토북
352	『파랑 머리 할머니』	이경순 (그림 김정진)	마주별
353	『파랑 오리』	릴리아	킨더랜드
354	『파리의 휴가』	구스티	바람의아이들
355	『판다 목욕탕』	투페라 투페라	노란우산
356	『팔딱팔딱 목욕탕』	전준후	고래뱃속
357	『펭귄 365』	장뤼크 프로망탈 (그림 조엘 졸리베)	보림

358	『펭귄 호텔』	우시쿠보 료타	주니어RHK
359	『폭설』	존 로코	다림
360	『푸른 개』	나자	주니어파랑새
361	『프레드릭』	레오 리오니	시공주니어
362	『플라스틱 섬』	이명애	상출판사
363	『피아노 치기는 지겨워』	다비드 칼리 (그림 에릭 엘리오)	비룡소
364	『하늘에서 음식이 내린다면』	쥬디 바레트 (그림 론 바레트)	토토북
365	『하다와 황천행 돈가스』	김다노 (그림 홍그림)	책읽는곰
366	『학교 가는 날』	송언 (그림 김동수)	보림
367	『할머니, 어디 가요? 쑥 뜯으러 간다!』	조혜란	보리
368	『할머니네 방앗간』	리틀림	고래뱃속
369	『할머니의 여름휴가』	안녕달	창비
370	『해치와 괴물 사형제』	정하섭 (그림 한병호)	길벗어린이
371	『행복한 사자』	루이제 파쇼 (그림 로저 뒤바쟁)	시공주니어
372	『행복한 한스』	그림형제 (그림 펠릭스 호프만)	비룡소
373	『혀 잘린 참새』	이시이 모모코 (그림 아카바 수에키치)	비룡소
374	『현상 수배 글 읽는 늑대』	엘리자베트 뒤발 (그림 에릭 엘리오)	미래아이
375	『형보다 커지고 싶어』	스티븐 켈로그	비룡소
376	『호기심 벌레가 꿈틀꿈틀』	바바라 에샴 (그림 마이크 고든·칼 고든)	아주좋은날
377	『호랑이 뱃속 잔치』	신동근	사계절
378	『호랑이 잡은 피리』	강무홍 (그림 김달성)	보림
379	『호랑이골 떡 잔치』	한미경 (그림 문종훈)	은나팔
380	『호랑이와 효자』	김창성 (그림 백성민)	이야기꽃
381	『혼나지 않게 해 주세요』	구스노키 시게노리 (그림 이시이 기요타카)	베틀북
382	『황소 아저씨』	권정생 (그림 정승각)	길벗어린이
383	『황소와 도깨비』	이상 (그림 한병호)	다림
384	『휠휠 간다』	권정생 (그림 김용철)	국민서관

3학년 책 읽어 주기 추천 도서 목록

	제목	지은이	출판사
1	『가부와 메이 이야기 1~7』	기무라 유이치 (그림 아베 히로시)	미래엔아이세움
2	『가시내』	김장성 (그림 이수진)	사계절
3	『고래가 보고 싶거든』	줄리 폴리아노 (그림 에린 E. 스테드)	문학동네
4	『고양이 인간이 된 선생님』	임소영 (그림 이승범)	북극곰
5	『고양이』	현덕 (그림 이형진)	길벗어린이
6	『고양이의 복수』	안도현 (그림 김서빈)	상상
7	『공룡 똥』	앤드류 월 (그림 조엘 드레드미)	봄볕
8	『괴롭힘은 나빠』	고정욱 · 나누리 (그림 송하완)	풀빛미디어
9	『구멍놀이 친구』	임수정 (그림 윤지경)	어린이작가정신
10	『그 녀석, 걱정』	안단테 (그림 소복이)	우주나무
11	『까만 연필의 정체』	길상효 (그림 심보영)	비룡소
12	『까불지 마!』	강무홍 (그림 조원희)	논장
13	『깜짝 선물』	이솔	상상의힘
14	『꼴찌라도 괜찮아!』	유계영	휴이넘
15	『꽃을 선물할게』	강경수	창비
16	『꿈꾸는 꼬마 건축가』	프랭크 비바	주니어RHK
17	『나는 3학년 2반 7번 애벌레』	김원아 (그림 이주희)	창비
18	『나는 강물처럼 말해요』	조던 스콧 (그림 시드니 스미스)	책읽는곰
19	『나는 개다』	백희나	책읽는곰
20	『나도 아프고 싶어!』	프란츠 브란덴베르크 (그림 알리키 브란덴베르크)	시공주니어
21	『나무가 자라는 물고기』	김혜리	사계절
22	『나야, 뭉치 도깨비야』	서화숙 (그림 이형진)	웅진주니어
23	『내 친구 알피』	티라 헤더	보림
24	『내가 라면을 먹을 때』	하세가와 요시후미	고래이야기
25	『높이 뛰어라 생쥐』	존 스텝토	다산기획
26	『눈 다래끼 팔아요』	이춘희 (그림 신민재)	사파리

27	『눈 오는 날: 장서리 내린 날』	엠마누엘레 베르토시	북극곰
28	『늑대가 들려주는 아기 돼지 삼형제 이야기』	존 셰스카 (그림 레인 스미스)	보림
29	『단물 고개』	소중애 (그림 오정택)	비룡소
30	『당근 밭의 수상한 발자국』	선시야 (그림 심보영)	주니어김영사
31	『도깨비 대장이 된 훈장님』	장수명 (그림 한병호)	한림출판사
32	『도깨비가 꼼지락꼼지락』	김성범 (그림 이경국)	미래아이
33	『도니조아 아저씨의 돈 버는 방법』	타카도노 호코	내인생의책
34	『또 혼났어』	고니시 다카시 (그림 이시카와 에리코)	뜨인돌어린이
35	『똘복이가 돌아왔다』	이경순 (그림 영민)	마주별
36	『똥 도둑질』	정란희 (그림 홍영우)	휴먼어린이
37	『똥 벼락』	김회경 (그림 조혜란)	사계절
38	『똥 찾아가세요』	권오삼 (그림 오정택)	문학동네
39	『똥떡』	이춘희 (그림 박지훈)	사파리
40	『루푸스 색깔을 사랑한 박쥐』	토미 웅게러	현북스
41	『리틀 산타』	미루야마 요코	미디어창비
42	『만복이네 떡집』	김리리 (그림 이승현)	비룡소
43	『말하면 힘이 세지는 말』	미야니시 다츠야	책속물고기
44	『맨홀에 빠진 딴청이』	보르미	노란돼지
45	『명왕성이 뿔났다!』	스티브 메츠거 (그림 제러드 리)	은나팔
46	『모리스 레스모어의 환상적인 날아다니는 책』	윌리엄 조이스 (그림 조 블룸)	상상의힘
47	『밍로는 어떻게 산을 옮겼을까』	아놀드 로벨	길벗어린이
48	『바다 괴물 대소동: 가짜 뉴스 이야기』	달시 패티슨 (그림 피터 윌리스)	다림
49	『박씨전』	조혜란	장영
50	『백두산 이야기』	류재수	보림
51	『백만 억만 산타클로스』	모타미 히로코 (그림 마리카 마이야라)	우리나비
52	『벌거벗은 코뿔소』	미하엘 엔데 (그림 라인하르트 미흘)	문학과지성사

53	『범인은 고양이야』	다비드 칼리 (그림 마갈리 클라벨레)	다림
54	『베로니카, 넌 특별해』	로저 뒤바젱	비룡소
55	『보글보글 마법의 수프』	클로드 부종	웅진주니어
56	『보이거나 안 보이거나』	요시타케 신스케	토토북
57	『보이지 않는 아이』	트루디 루드위그 (그림 패트리스 바톤)	책과콩나무
58	『빈 화분』	데미	사계절
59	『빈집에 온 손님』	황선미 (그림 김종도)	비룡소
60	『빨간 늑대』	마가렛 섀넌	키위북스
61	『빵점 맞은 날』	스가와라 카에데	그린북
62	『사람으로 둔갑한 쥐』	강성은 (그림 박혜경)	을파소
63	『사르르 화를 풀어주는 파랑』	이은서 (그림 이혜영)	뜨인돌어린이
64	『산책』	다니엘 살미에리	북극곰
65	『석기 시대 천재 소년 우가』	레이먼드 브리그스	문학동네
66	『선생님은 모르는 게 너무 많아』	강무홍 (그림 이형진)	사계절
67	『손 큰 할머니의 만두 만들기』	채인선 (그림 이억배)	재미마주
68	『손톱 깨물기』	고대영 (그림 김영진)	길벗어린이
69	『슈렉!』	윌리엄 스타이그	비룡소
70	『스파이 여우	김형진 (그림 이갑규)	지구의아침
71	『승냥이 구의 부끄러운 비밀』	기무라 유이치 (그림 미야니시 타츠야)	효리원
72	『신기한 그림 족자』	이영경	비룡소
73	『십장생을 찾아서』	최향랑	창비
74	『아기 늑대 세 마리와 못된 돼지』	유진 트리비자스 (그림 헬린 옥슨버리)	시공주니어
75	『아낌없이 주는 나무』	셸 실버스타인	시공주니어
76	『아모스와 보리스』	윌리엄 스타이그	시공주니어
77	『아빠 곰은 모르는 이야기』	구스타보 롤단	씨드북
78	『아빠, 나 사랑해요?』	스티븐 마이클 킹	국민서관
79	『아빠와 아들』	고대영	길벗어린이
80	『알도』	존 버닝햄	시공주니어
81	『야쿠바와 사자』	티에리 드되	길벗어린이

82	『얘야, 아무개야, 거시기야!』	천효정 (그림 최미란)	문학동네
83	『어머니의 이슬털이』	이순원 (그림 송은실)	북극곰
84	『어처구니 이야기』	박연철	비룡소
85	『언제까지나 너를 사랑해』	로버트 먼치 (그림 안토니 루이스)	북뱅크
86	『얼쑤 좋다, 단오 가세!』	이순원 (그림 최현묵)	책읽는곰
87	『얼음 땡!』	강풀	웅진주니어
88	『엄마 말 안 들으면 흰긴수염 고래 데려온다!』	맥 바네트 (그림 애덤 렉스)	다산기획
89	『엄마 출입 금지!』	홍기운 (그림 김재희)	좋은책어린이
90	『엄마를 바꿔 주세요』	브레멘+창작연구소 (그림 안준석)	브레멘플러스
91	『엄마를 화나게 하는 10가지 방법』	실비 드 마튀이시윅스 (그림 세바스티앙 디올로장)	어린이작가정신
92	『에드와르도 세상에서 가장 못된 아이』	존 버닝햄	비룡소
93	『에퉤퉤! 똥된장 이야기』	장세현	휴먼어린이
94	『엘리엇에게 엉뚱한 친구가 생겼어요』	토니 부체오 (그림 데이비드 스몰)	다산기획
95	『여우 누이』	소중애 (그림 이용규)	을파소
96	『여우의 전화 박스』	도다 가즈요 (그림 다카스 가즈미)	크레용하우스
97	『여행 가는 날』	서영	위즈덤하우스
98	『열두 달 나무 아이』	최숙희	책읽는곰
99	『열이 난 밤에』	김민주	책읽는곰
100	『영 Zero』	캐드린 오토시	북뱅크
101	『오씨 가문의 영광』	박진영 (그림 명관도)	씨드북
102	『온양이』	선안나 (그림 김영만)	샘터사
103	『와작와작 꿀꺽 책 먹는 아이』	올리버 제퍼스	주니어김영사
104	『완두』	다비드 칼리 (그림 세바스티앙 무랭)	진선아이
105	『완두의 여행 이야기』	다비드 칼리 (그림 세바스티앙 무랭)	진선아이
106	『완벽한 산타클로스의 절대! 금지 수칙 19』	노에 까를랑 (그림 호녕 바델)	바둑이하우스

107	『왜 띄어 써야 돼』	박규빈	길벗어린이
108	『왜 맞춤법에 맞게 써야 돼?』	박규빈	길벗어린이
109	『외톨이 사자는 친구가 없대요』	나카노 히로구주	한림출판사
110	『용돈 좀 올려 주세요』	아마노 유우끼찌 (그림 오오쯔끼 아까네)	창비
111	『우동 한 그릇』	구리 료헤이·다케모도 고노스케 (그림 이가혜)	청조사
112	『우렁이 각시』	소중애	비룡소
113	『우리 엄마 맞아요?』	고토 류지 (그림 다케다 미호)	웅진주니어
114	『이게 정말 사과일까?』	요시타케 신스케	주니어김영사
115	『이글라우로 간 악어』	야노쉬	시공주니어
116	『이상한 엄마』	백희나	책읽는곰
117	『이유가 있어요』	요시타케 신스케	주니어김영사
118	『인간 세상에 온 힘센 선녀』	용민하	리하북스
119	『일수의 탄생』	유은실 (그림 서현)	비룡소
120	『입 냄새 나는 개』	대브 필키	푸른길
121	『자전거로 달에 가서 해바라기 심는 법』	모디캐이 저스타인	스콜라
122	『작은 벽돌』	조슈아 데이비드 스타인 (그림 줄리아 로스먼)	그레이트BOOKS
123	『잔소리 센터』	제성은 (그림 정용환)	개암나무
124	『저리 가! 잡아먹기 전에』	애덤 레르하우프드 (그림 스콧 매군)	키즈엠
125	『절대로 실수하지 않는 아이』	마크 펫·게리 루빈스타인	두레아이들
126	『점』	피터 레이놀즈	문학동네
127	『져야 이기는 내기』	조지 섀넌 (그림 피터 시스)	베틀북
128	『종이 봉지 공주』	로버트 먼치 (그림 마이클 마르첸코)	비룡소
129	『준치가시』	백석 (그림 김세현)	창비
130	『중요한 사실』	마거릿 와이즈 브라운 (그림 최재은)	보림
131	『쥬만지』	크리스 반 알스버그	비룡소
132	『지퍼가 고장 났다!』	알랭 M. 베르즈롱 (그림 이민혜)	시공주니어

133	『진짜 나무가 된다면』	김진철	비룡소
134	『진짜 투명 인간』	레미 쿠르종	씨드북
135	『진흙장군』	슝량 (그림 돤훙)	리틀씨앤톡
136	『집으로』	고혜진	달그림
137	『짜장 짬뽕 탕수육』	김영주 (그림 고경숙)	재미마주
138	『책 먹는 여우』	프란치스카 비어만	주니어김영사
139	『책 속의 책 속의 책』	요르크 뮐러	비룡소
140	『책이 된 선비 이덕무』	이상희 (그림 김세현)	보림
141	『처음 가진 열쇠』	황선미 (그림 신민재)	웅진주니어
142	『초원의 왕 대 숲속의 왕』	기무라 유이치 (그림 미야니시 타츠야)	키즈엠
143	『친해질 수 있을까?』	츠지무라 노리아키 (그림 하지리 토시카도)	스콜라
144	『침만 꼴깍꼴깍 삼키다 소시지 가 되어 버린 악어 이야기』	로알드 달	주니어김영사
145	『칭찬 먹으러 가요』	고대영 (그림 김영진)	길벗어린이
146	『쿠키 한 입의 우정 수업』	에이미 크루즈 로젠탈 (그림 제인 다이어·브룩 다이어)	책읽는곰
147	『포인세티아의 전설』	토미 드 파울라	비룡소
148	『할머니네 방앗간』	리틀림	고래뱃속
149	『행복을 전하는 편지』	안소니 프랑크 (그림 티파니 비키)	시공주니어
150	『행복한 돼지』	헬린 옥슨버리	웅진주니어
151	『행복한 줄무늬 선물』	야스민 셰퍼	봄볕
152	『형이 태어날 거야』	박규빈	내인생의책
153	『호랑 감투』	홍영우	보리
154	『호랑이 뱃속 구경』	서정오 (그림 강우근)	보리
155	『혼자 남은 착한 왕』	이범재	계수나무
156	『황소와 도깨비』	이상 (그림 한병호)	다림
157	『흰 쥐 이야기』	장철문 (그림 윤미숙)	비룡소

4학년 책 읽어 주기 추천 도서 목록

	제목	지은이	출판사
1	『거위를 사랑한 고양이』	레나 헤세	봄봄출판사
2	『걱정 세탁소』	홍민정 (그림 김도아)	좋은책어린이
3	『건방진 도도군』	강정연 (그림 소윤경)	비룡소
4	『게임 파티』	최은영 (그림 서현)	시공주니어
5	『공룡을 사랑한 할아버지』	바버라 컬리 (그림 브라이언 셀즈닉)	문학동네
6	『과수원을 점령하라』	황선미 (그림 김환영)	사계절
7	『그 고래, 번개』	류은 (그림 박철민)	샘터사
8	『급식실에 웬 돼지 한 마리』	소중애 (그림 유명희)	그린북
9	『기울어진 집』	톰 르웰린 (그림 사라 와츠)	어린이작가정신
10	『길모퉁이 행운의 돼지』	김종렬 (그림 김숙경)	다림
11	『김구』	백범 (그림 박시백)	한겨레아이들
12	『까마귀 소년』	야시마 타로	비룡소
13	『까만 나라 노란 추장』	강무홍 (그림 한수임)	웅진주니어
14	『까만 연필의 정체』	길상효 (그림 심보영)	비룡소
15	『깜둥바가지 아줌마』	권정생 (그림 권문희)	우리교육
16	『깨끗한 손』	박정희 (그림 무돌)	노란돼지
17	『꼴통과 불량 아저씨』	최은순 (그림 이수영)	뜨인돌
18	『꽃 대궐 파티』	이미옥 (그림 이진영)	주니어RHK
19	『나도 책이 좋아』	오미경 (그림 국지승)	위즈덤하우스
20	『나라를 지킨 호랑이 장군들』	우리누리 (그림 이용규)	주니어중앙
21	『나를 뽑아 줘』	마르크 캉탱 (그림 에릭 가스테)	국민서관
22	『나무가 되고 싶은 화가 박수근』	김현숙	나무숲
23	『나무를 심은 사람』	장 지오노 (그림 최수연)	두레
24	『나와 조금 다를 뿐이야』	이금이 (그림 주성희)	밤티
25	『난 곰인 채로 있고 싶은데…』	요르크 슈타이너 (그림 요르크 뮐러)	비룡소
26	『내 이름을 불러 줘』	서지원 (그림 백대승)	좋은책어린이
27	『내 짝꿍 최영대』	채인선 (그림 정순희)	재미마주

28	『내가 조금 불편하면 :세상은 초록이 돼요』	김소희 (그림 정은희)	토토북
29	『내게는 소리를 듣지 못하는 여동생이 있습니다』	진 화이트하우스 피터슨 (그림 데보라 코간 레이)	웅진주니어
30	『내겐 드레스 백 벌이 있어』	엘레노어 에스테스 (그림 루이스 슬로보드킨)	비룡소
31	『네 손가락의 피아니스트』	고정욱 (그림 원유미)	대교북스주니어
32	『느림보와 번개』	정진 (그림 최덕규)	좋은책어린이
33	『단톡방 귀신』	제성은 (그림 지우)	마주별
34	『돌아온 진돗개 백구』	송재찬 (그림 이혜란)	대교북스주니어
35	『두 섬 이야기』	요르크 슈타이너 (그림 요르크 뮐러)	비룡소
36	『땅속 나라 도둑귀신』	손동인·이원수 (그림 김종도)	창비
37	『똘개의 모험』	김영현 (그림 원혜영)	웅진주니어
38	『똘복이가 돌아왔다』	이경순 (그림 영민)	마주별
39	『리디아의 정원』	사라 스튜어트 (그림 데이비드 스몰)	시공주니어
40	『마법 같은 선물이야』	황선미 (그림 이고은)	시공주니어
41	『마법과 마야의 집』	선안나 (그림 윤나라)	책고래
42	『마주 보고 크는 나무』	조성자	시공주니어
43	『만국기 소년』	유은실 (그림 정성화)	창비
44	『맘대로 바꿔 가게』	최은영 (그림 시은경)	봄마중
45	『머피와 두칠이』	김우경	지식산업사
46	『모네의 정원에서』	크리스티나 비외르크 (그림 레나 안데르손)	미래사
47	『목걸이 열쇠』	황선미 (그림 신은재)	시공주니어
48	『무던이』	이미륵 (그림 윤문영)	계수나무
49	『미래에서 온 노란 버스』	정진 (그림 고담)	알라딘북스
50	『미오, 나의 미오』	아스트리드 린드그렌 (그림 일론 비클란드)	우리교육
51	『미운 돌멩이』	권정생 외 9명 (그림 최미숙)	오늘
52	『바보 이반의 이야기』	이종진 (그림 이상권)	창비
53	『받은 편지함』	남찬숙 (그림 황보순희)	우리교육

54	『밤티마을 영미네 집』	이금이 (그림 양상용)	푸른책들
55	『밤티마을 큰돌이네 집』	이금이 (그림 양상용)	푸른책들
56	『변신 마이너스맨』	나탈리 브리작 (그림 마갈리 보니올)	큰북작은북
57	『별』	알퐁스 도데 (그림 박준우)	미래엔아이세움
58	『사라진 축구공』	최은옥 (그림 유설화)	국민서관
59	『사랑의 도서관』	고정욱 (그림 김명길)	한림출판사
60	『사차원 엄마』	이경순 (그림 이수영)	교학사
61	『상어를 사랑한 인어공주』	임정진 (그림 유기훈)	푸른책들
62	『생물이 사라진 섬』	다가와 히데오 (그림 마쓰오카 다쓰히데)	비룡소
63	『선생님 도와주세요!』	섀논 리그스 (그림 제이미 졸라스)	고래이야기
64	『섬이 된 거인』	김태호	계수나무
65	『세 가지 질문』	레프 니콜라예비치 톨스토이 원작·존 J. 무스	달리
66	『숨어 있는 괴물』	김경옥 (그림 박영)	소담주니어
67	『슈슈 씨의 범인 찾기』	이경순 (그림 이수영)	함께자람
68	『스마트폰이 먹어 치운 하루』	서영선 (그림 박연옥)	팜파스
69	『신비의 아이스크림 가게』	김원아 (그림 김무연)	주니어김영사
70	『아기 도깨비와 오토 제국』	이현주 (그림 소윤경)	웅진주니어
71	『아빠 고르기』	채인선 (그림 김은주)	논장
72	『아빠의 수첩』	양태석 (그림 전필식)	주니어김영사
73	『어린이를 위한 우동 한 그릇』	리 료헤이·다케모도 고노스케 (그림 이가혜)	청조사
74	『어흥, 호랑이가 달린다』	김향금 (그림 윤정주)	웅진주니어
75	『엄마, 세뱃돈 뺏지 마세요!』	최은순 (그림 김중석)	시공주니어
76	『여울 각시』	이중현	우리교육
77	『여자 농부 아랑이』	김회경 (그림 임향한)	한길사
78	『열평 아이들』	원유순	창비
79	『영혼의 수호신 바리공주』	백승남 (그림 류준화)	한겨레아이들
80	『와글바글 식당』	박소명 (그림 이주희)	국민서관
81	『욕쟁이 찬두』	양연주 (그림 김은경)	크레용하우스
82	『우도의 꼬마 해녀』	최은순 (그림 양상용)	크레용하우스

83	『우리 가족 최고의 식사!』	신디웨 마고나 (그림 패디 바우마)	샘터사
84	『우리 가족에겐 비밀이 있어요』	박민호 (그림 이상윤)	머스트비
85	『우리 독도에서 온 편지』	윤문영	계수나무
86	『우리 동네 별별 가족』	최은영 (그림 김정진)	지학사아르볼
87	『으랏차차 뚱보 클럽』	전현정 (그림 박정섭)	비룡소
88	『이승 만세 저승 만세』	김윤 (그림 이유진)	해와나무
89	『장영실』	고정욱 (그림 허구)	산하
90	『저만 알던 거인』	오스카 와일드	분도출판사
91	『절대 딱지』	최은영 (그림 김다정)	개암나무
92	『제닝스는 꼴찌가 아니야』	앤터니 버커리지 (그림 최정인)	사계절
93	『조선의 여걸 박씨 부인』	정출헌 (그림 조혜란)	한겨레아이들
94	『지구를 구한 꿈틀이 사우르스』	캐런 트래포드 (그림 제이드 오클리)	현암사
95	『지우개 따먹기 법칙』	순희 (그림 최정인)	반달서재
96	『창조의 신 소별왕 대별왕』	신동흔 (그림 오승민)	한겨레아이들
97	『천냥짜리 거짓말』	서정오 (그림 고후식)	랜덤하우스코리아
98	『첨벙첨벙 물길 따라 물고기 따라』	이상권 (그림 이정규)	우리교육
99	『최기봉을 찾아라!』	김선정 (그림 이영림)	푸른책들
100	『춤추는 책가방』	송언 (그림 최정인)	좋은책어린이
101	『친구 대장 나가신다!』	이경순 (그림 서희주)	생각하는책상
102	『키다리 아저씨』	진 웹스터 (그림 김지혁)	인디고
103	『태양 마차를 탄 파에톤』	김정신	을파소
104	『태양의 새 삼족오』	다정 (그림 최용호)	창비
105	『토끼들의 섬』	요르크 슈타이너 (그림 요르크 뮐러)	비룡소
106	『투명한 아이』	안미란 (그림 김현주)	어린이나무생각
107	『파브르 곤충기』	장 앙리 파브르 (그림 윤종태)	삼성출판사
108	『페데는 해적이 되고 싶어』	파블로 아란다 (그림 에스더 고메스 마드리드)	스콜라

	제목	지은이	출판사
109	『피터와 늑대』	로리오트 (그림 요르크 뮐러)	비룡소
110	『하늘로 날아간 집오리』	이상권 (그림 이명애)	웅진주니어
111	『허준』	신현득	효리원
112	『훈데르트바서의 집』	제랄딘 엘슈너 (그림 루시 반드빌드)	계수나무

5~6학년 책 읽어 주기 추천 도서 목록

	제목	지은이	출판사
1	『156층 비구디 할머니』	델핀 페레 (그림 세바스티앙 무랭)	미래아이
2	『503호 열차』	허혜란 (그림 오승민)	샘터사
3	『5번 레인』	은소홀 (그림 노인경)	문학동네
4	『5학년 2반 오마리, 외교관 되다』	김유리 (그림 송진욱)	주니어김영사
5	『갈매기의 꿈』	리처드 바크	나무옆의자
6	『강남 사장님』	이지음 (그림 국민지)	비룡소
7	『강을 건너는 아이』	심진규 (그림 장선환)	비룡소
8	『걱정쟁이 열세살』	최나미 (그림 정문주)	사계절
9	『고릴라 형과 오로라』	이병승 (그림 조태겸)	샘터사
10	『고맙습니다, 선생님』	패트리샤 폴라코	미래엔아이세움
11	『고조를 찾아서』	이지은 외 3인 (그림 유경화)	사계절
12	『귀동이』	포송령 (그림 차이까오)	보림
13	『귀신도 함께 먹자, 고수레!』	장세현 (그림 김선배)	휴먼어린이
14	『긴긴밤』	루리	문학동네
15	『까마귀 물 마시기』	조지 섀넌 (그림 피터 시스)	베틀북
16	『까불고 싶은 날』	정유경 (그림 조미자)	창비
17	『껌 좀 떼지 뭐』	양인자 (그림 박정인)	샘터사
18	『꼬마 니콜라 시리즈』	르네 고시니 (그림 장자크 상페)	문학동네

19	『꼬부랑 할머니는 어디 갔을까?』	유영소 (그림 김혜란)	샘터사
20	『꽃들에게 희망을』	트리나 폴러스	시공주니어
21	『꿈을 파는 요괴』	신은경 (그림 이영림)	파랑새
22	『나라를 구하러 나선 아이들』	최은영 (그림 홍선주)	마주별
23	『나무가 된 아이』	남유하 (그림 황수빈)	사계절
24	『나무가 자라는 물고기』	김혜리	사계절
25	『나의 달타냥』	김리리 (그림 이승현)	창비
26	『나의 린드그렌 선생님』	유은실 (그림 권사우)	창비
27	『난민 말고 친구』	최은영 (그림 신진호)	마주별
28	『내 방은 엉망진창!』	마티아스 조트케 (그림 슈테펜 부츠)	미래아이
29	『내 이름은 삐삐 롱스타킹』	아스트리드 린드그렌 (그림 잉리드 방 니만)	시공주니어
30	『내 이름을 불러 줘』	서지원 (그림 백대승)	좋은책어린이
31	『녹색 일기장』	이경순	키다리
32	『누군 누구야 도깨비지』	조호상 (그림 정병식)	한겨레아이들
33	『담을 넘은 아이』	김정민 (그림 이영환)	비룡소
34	『담임선생님은 AI』	이경화 (그림 국민지)	창비
35	『돈가스 안 먹는 아이』	유혜진 (그림 김은주)	책읽는달
36	『돌 씹어 먹는 아이』	송미경 (그림 세르주 블로크)	문학동네
37	『드론 전쟁』	어윤정 (그림 백두리)	금성교과서
38	『똥 싼 할머니』	이옥수 (그림 김병호)	시공주니어
39	『레기, 내 동생』	최도영 (그림 이은지)	비룡소
40	『루이치 인형』	소연 (그림 강나율)	샘터사
41	『마당을 나온 암탉』	황선미 (그림 김환영)	사계절
42	『마지막 거인』	프랑수아 플라스	디자인하우스
43	『마지막 휴양지』	존 패트릭 루이스 (그림 로베르토 인노첸티)	비룡소
44	『만약의 세계』	요시타케 신스케	주니어김영사
45	『말을 캐는 시간』	윤혜숙	서해문집
46	『멀쩡한 이유정』	유은실 (그림 변영미)	푸른숲주니어
47	『멀쩡한 하루』	최은영 (그림 윤진경)	개암나무

48	『메주 공주와 비밀의 천년 간장』	이경순 (그림 김언희)	개암나무
49	『몽실 언니』	권정생 (그림 이철수)	창비
50	『바늘 아이』	윤여림 (그림 모예진)	나는별
51	『바다 괴물 대소동』	달시 패티슨 (그림 피터 윌리스)	다림
52	『바닷가 탄광 마을』	조앤 슈워츠 (그림 시드니 스미스)	국민서관
53	『바람을 가르다』	김혜온 (그림 신슬기)	샘터사
54	『박수근의 바보 온달』	박인숙 (그림 박수근)	사계절
55	『발찌 결사대』	김해등 (그림 안재선)	샘터사
56	『방구리』	최은순 (그림 장호)	스푼북
57	『버드나무에 부는 바람』	케네스 그레이엄 (그림 어니스트 하워드 쉐퍼드)	시공주니어
58	『별빛 전사 소은하』	전수경 (그림 센개)	창비
59	『봉주르, 뚜르』	한윤섭 (그림 김진화)	문학동네
60	『불곰에게 잡혀간 우리 아빠』	허은미 (그림 김진화)	여유당
61	『불량한 자전거 여행』	김남중 (그림 허태준)	창비
62	『블랙 독』	레비 핀폴드	북스토리아이
63	『빨강 머리 앤』	루시 모드 몽고메리 (그림 트로이 하월)	비룡소
64	『사라, 버스를 타다』	윌리엄 밀러 (그림 존 워드)	사계절
65	『사라질 아이』	이경순 (그림 전명진)	마루비
66	『사람은 무엇으로 사는가』	레프 니콜라예비치 톨스토이 (그림 이만익)	창비
67	『사랑을 나눠 준 사탕 할배』	최은순 (그림 장준영)	크레용하우스
68	『사랑이 훅!』	진형민 (그림 최민호)	창비
69	『사자와 마녀와 옷장: 나니아 나라 이야기』	C. S. 루이스 (그림 폴린 베인즈)	시공주니어
71	『산타클로스가 정말 있나요?』	프란시스 처치 (그림 김점선)	북뱅크
72	『새끼 표범』	강무홍 (그림 오승민)	한울림어린이
73	『샌드위치 도둑』	앙드레 마루아 (그림 파트릭 두아용)	이마주

74	『샹들리에』	김려령	창비
75	『서찰을 전하는 아이』	한윤섭 (그림 백대승)	푸른숲주니어
76	『설아가 달라진 이유』	최은영 (그림 김다정)	별숲
77	『세상에서 가장 맛있는 자장면』	이철환 (그림 장호)	주니어랜덤
78	『소나기』	황순원 (그림 강요배)	길벗어린이
79	『소원이 이루어지는 길모퉁이』	오카다 준 (그림 다나카 로쿠다이)	시공주니어
80	『순례 주택』	유은실	비룡소
81	『순재와 키완』	오하림 (그림 애슝)	문학동네
82	『쉬는 시간에 똥 싸기 싫어』	김개미 (그림 최미란)	토토북
83	『쉽게 읽는 백범일지』	김구 (그림 도진순)	돌베개
84	『스갱 아저씨의 염소』	알퐁스 도데 (그림 에릭 바튀)	파랑새
85	『시간 가게』	이나영 (그림 윤정주)	문학동네
86	『시튼 동물기』	어니스트 톰프슨 시튼	논장
87	『신기한 시간표』	오카다 준 (그림 윤정주)	보림
88	『아몬드』	손원평	창비
89	『아무것도 안 하는 녀석들』	김려령 (그림 최민호)	문학과지성사
90	『아무것도 없는 책』	레미 쿠르종	주니어쫘
91	『아버지와 딸』	미카엘 두둑 데 비트	이숲
93	『아빠는 너희를 응원한단다』	버락 H. 오바마 (그림 로렌 롱)	주니어김영사
94	『아테나와 아레스』	신현 (그림 조원희)	문학과지성사
95	『악당의 무게』	이현 (그림 오윤화)	휴먼어린이
96	『악플 전쟁』	이규희 (그림 한수진)	별숲
97	『안네의 일기』	안네 프랑크 (그림 신미소)	계림북스
98	『압둘 가사지의 정원』	크리스 반 알스버그	베틀북
99	『앵무새는 귀가 필요해』	윤희순 (그림 조아라)	브로콜리숲
100	『야광귀신』	이춘희	사파리
101	『어느 날 가족이 되었습니다』	박현숙 (그림 김주경)	서유재
102	『어느 날, 사라진』	전성현 (그림 조성흄)	창비
103	『어린왕자』	앙투안 드 생텍쥐페리	문학동네
104	『어쩌다 짝꿍』	이송현 (그림 정진희)	마음이음

105	『언젠가 너도』	앨리슨 맥기 (그림 피터 H. 레이놀즈)	문학동네
106	『얼굴 빨개지는 아이』	장자크 상페	열린책들
107	『얼음 땡!』	강풀	웅진주니어
108	『엄마가 봄이었어요』	나태주 (그림 더여린)	문학세계사
109	『엄마하고 나하고』	장경원 (그림 정민아)	느림보
110	『오늘은 수줍은 차마니』	강인송 (그림 김정은)	문학과지성사
111	『오세암』	정채봉 (그림 송진헌)	샘터사
112	『완득이』	김려령	창비
113	『우도의 꼬마 해녀』	최은순 (그림 양상용)	크레용하우스
114	『우아한 거짓말』	김려령	창비
115	『우정 계약서』	원유순 (그림 주미)	잇츠북어린이
116	『우주 호텔』	유순희 (그림 오승민)	해와나무
117	『우주로 카운트다운』	어윤정 (그림 이갑규)	우리 학교
118	『우주의 집』	문이소 외 4인	사계절
119	『이해의 선물』	폴 빌리어드 (그림 배현주)	길벗어린이
120	『인공지능 로봇 학교에 가다』	기우치 나오 (그림 마루야마 유키)	북뱅크
121	『잃어버린 일기장』	전성현 (그림 조성흠)	창비
122	『있으려나 서점』	요시타케 신스케	온다
123	『자전거를 못 타는 아이』	장자크 상페	열린책들
124	『장기려, 우리 곁에 살다 간 성자』	김은식 (그림 이윤엽)	봄나무
125	『저절로 알게 되는 파랑』	신현이 (그림 임효영)	문학동네
126	『제후의 선택』	김태호 (그림 노인경)	문학동네
127	『조선 제일 바보의 공부』	정희재	책읽는곰
128	『지구 불시착 외계인 보고서』	김정민 외 4인 (그림 전명진)	마루비
129	『지구별에 온 손님』	모디캐이 저스타인	보물창고
130	『진짜 도둑』	윌리엄 스타이그	비룡소
131	『차대기를 찾습니다』	이금이 (그림 김정은)	사계절
132	『책 읽어 주는 아이 책비』	김은중	파란정원
133	『책 읽어 주는 아이』	고정욱	보랏빛소어린이

134	『책과 노니는 집』	이영서 (그림 김동성)	문학동네
135	『처음 그림을 그린 아이』	모디캐이 저스타인	주니어RHK
136	『체리새우: 비밀글입니다』	황영미	문학동네
137	『총을 거꾸로 쏜 라프카디오』	셸 실버스타인	시공주니어
138	『축구왕 차공만』	성완 (그림 윤지회)	비룡소
139	『코끼리 똥』	헬메 하이네	베틀북
140	『크리스마스 캐럴』	찰스 디킨스 (그림 로베르토 인노첸티)	어린이작가정신
141	『통조림 학원』	송미경 (그림 유준재)	위즈덤하우스
142	『투명한 아이』	안미란 (그림 김현주)	어린이나무생각
143	『파란 아이』	공선옥 외 6인	창비
144	『팔씨름』	이인호 (그림 이명애)	샘터사
145	『팽이 도둑』	서정오 (그림 김효연)	샘터사
146	『푸른 머리카락』	남유하 외 4인	사계절
147	『푸른 사자 와니니』	이현 (그림 오윤화)	창비
148	『플레이 볼』	이현 (그림 최민호)	한겨레아이들
149	『하늘은 무섭지 않아』	고호관 외 4인 (그림 조승연)	사계절
150	『하늘을 나는 배, 제퍼』	크리스 반 알스버그	비룡소
151	『한밤중 달빛 식당』	이분희 (그림 윤태규)	비룡소
152	『해리엇』	한윤섭 (그림 서영야)	문학동네
153	『햇빛마을 아파트 동물원』	정제광 (그림 국민지)	창비
154	『행복한 청소부』	모니카 페트 (그림 안토니 보라틴스키)	풀빛
155	『호구와 천적』	이경순 (그림 안병현)	파랑새
156	『혼자 남은 착한 왕』	이범재	계수나무
157	『휘파람 친구』	추수진 (그림 이소영)	샘터사

도판 출처

1장 독서는 어떻게 시작되는가?

15쪽   ©takomabibelot, published under CC BY-SA 2.0 (commons.wikimedia.org)
18쪽   위 ©Rockcare, published under CC BY-SA 3.0 (commons.wikimedia.org)
       아래 ©문화재청 (2015, kogl.or.kr, 공공누리 제1유형)
20쪽   왼쪽 ©Hans Hillewaert, published under CC BY-SA 4.0 (commons.wikimedia.org)
       오른쪽 ©WH_Pics (shutterstock.com)
21쪽   public domain
24쪽   ©CM Dixon (agefotostock)
29쪽   왼쪽 ©BabelStone, published under CC BY-SA 3.0 (commons.wikimedia.org)
       오른쪽 free license (commons.wikimedia.org)
37쪽   ©Needs Photo (gettyimagesbank.com)
50쪽   ©Jocelyndurrey, published under CC BY-SA 4.0 (commons.wikimedia.org)

2장 독서의 첫걸음, 책 읽어 주기

61쪽   ©Ground Picture (shutterstock.com)
63쪽   ©ange1 (gettyimagesbank.com)
88쪽   ©George Rudy (shutterstock.com)
92쪽   ©SeventyFour (gettyimagesbank.com)
97쪽   ©JV PHOTO (gettyimagesbank.com)
107쪽   ©Bits And Splits (shutterstock.com)
110쪽   ©Monika Wisniewska (shutterstock.com)
112쪽   ©cherezoff (shutterstock.com)
115쪽   ©Tyler Olson (shutterstock.com)

초등 독서의 힘

전략이 있는 부모를 위한 독서 인문학

1판 1쇄 발행일 2023년 2월 1일

지은이 심영면
펴낸이 권준구 | 펴낸곳 (주)지학사
교정교열 강봉구 소종민 | 일러스트 소현우
등록 1957년 3월 18일 제13-11호
주소 서울시 마포구 신촌로6길 5
전화 02.330.5272 | 팩스 02.3141.4488
이메일 jihak@jihak.co.kr | 홈페이지 www.jihak.co.kr

ISBN 978-89-05-05497-7 04370
ISBN 978-89-05-05496-0 04370(세트)